美文精品集萃丛书·时光不老系列

光是
越时空的纸飞机

《中学生博览》杂志社 选编

时代文艺出版社

图书在版编目（CIP）数据

时光是穿越时空的纸飞机 /《中学生博览》杂志社
选编. -- 长春 : 时代文艺出版社, 2021.6
（青春美文精品集萃丛书. 时光不老系列）
ISBN 978-7-5387-6641-7

Ⅰ. ①时… Ⅱ. ①中… Ⅲ. ①作文－中小学－选集
Ⅳ. ①H194.5

中国版本图书馆CIP数据核字(2021)第068023号

时光是穿越时空的纸飞机
SHIGUANG SHI CHUANYUE SHIKONG DE ZHIFEIJI

《中学生博览》杂志社　选编

出 品 人：	陈　琛
责任编辑：	王　峰
装帧设计：	任　奕
排版制作：	隋淑凤

出版发行：	时代文艺出版社
地　　址：	长春市福祉大路5788号　龙腾国际大厦A座15层　（130118）
电　　话：	0431-81629751（总编办）　0431-81629755（发行部）
网　　址：	weibo.com/tlapress（官方微博）　sdwycbsgf.tmall.com（天猫旗舰店）
开　　本：	880mm×1230mm　1/32
字　　数：	135千字
印　　张：	7
印　　刷：	三河市嵩川印刷有限公司
版　　次：	2021年6月第1版
印　　次：	2021年6月第1次印刷
定　　价：	36.00元

图书如有印装错误　请寄回印厂调换

编 委 会

编委会主任：刘翠玲　夏野虹　高　亮

编　　　委：宁　波　孟广丽　张春艳

　　　　　　李鹏修　苗嘉琳　姜　晶

　　　　　　王　鑫　李冬娟　王守辉

Contents 目 录

回忆与你一笑而过

回忆与你一笑而过 / 骆 七 002

深井小姐和星光先生 / 安 生 019

不完美姐姐 / 林笛梵 027

我们是失败的姐妹 / 张爱笛声 035

简 单 爱

洛丽塔的小洋装 / 虫 子 048

简单爱 / 叶佳琪 060

泰安，我是你的风雪夜归人 / 李阿宅 072

有你才算楚天阔 / 林宵引 079

只怪岁月太动听

若大风看穿,我的孤单 / 夏南年　094
玻璃心少女 / 翁翁不倒　107
因为爱情的蠢蛋老野 / 马佳威　114
为你一人,四海潮生 / 晚安人海　120
只怪岁月太动听 / 马佳威　127

所爱隔山海

谁家少年春衫薄 / 陈呵呵　136
所爱隔山海 / 骆　七　142
我的天南,你的海北 / M君颜　158
威海:你是我沉默的深深海洋 / 李阿宅　171

倘若时光不散场

蝉鸣的夏季,我想遇见你 / 砖　178
倘若时光不散场 / 陈呵呵　193
走失的春暖花开 / 胡伟平　200
我应该感激,有陪你一生的运气 / 陈小艾　216

回忆与你一笑而过

回忆与你一笑而过

骆 七

1

我和老李的感情并不是很深,最多在见到他的时候会有个印象。嗯。这是我初中班主任。

但当我得知春树他们组织去看班主任的时候,我非常积极地打电话过去询问此事。

"你也要来吗?"电话里他的声音异常兴奋,这年头尊师重道的人已经不多了,所以春树对我表现出前所未有的热情来。

我不知道老李家那么远,是个偏僻的小院子,我们到的时候他正蹲在那里挑豆子,春树很快就认出了老李,他听到声响出门来迎我们,几年不见,老李明显老了,但是看到我们这几个孩子，眼中还是闪着欣喜的光。

我一向话不多，他们一群人叽叽喳喳我就坐在旁边安静地听着。

吃完午饭，有人在沙发上看电视，有人帮师娘收拾厨房，有人随便参观着。我看老李一个人出去了，就马上跟上去。

"老师……"我总算找到机会单独跟他说句话了，一时间还显得有些忸怩起来。

"姜阮。"他还记得我的名字，笑眯眯地看着我。难得他还记得我，我马上显得镇静起来，"老师，您还记得咱们班的陈年洛吗？"

"怎么会不记得。他是我带过的性格最强烈的孩子。"他推了推大框的眼镜看着我。

"是。您知道他后来去哪儿了吗？"我垂手毕恭毕敬地站在他的对面，渴望得到期许中的答案，但是他似乎很费力地想了一下，摇摇头，有些尴尬地对我笑了笑：

"年纪大了。记不清了。当时他的手续办得很匆忙，我并没有经手。"他对我表现出抱歉来。

我苦涩一笑，忽然感觉到寒冷，不由收紧了衣服，心里不免失落，但脸上还是挂着淡淡的微笑。

老李却像洞悉一切似的说道："你很在意他。"现在怎样看他都觉得面善，似乎人老了都有这个特点，此刻他微笑着说出这样的话，我也并不觉得突兀，而是不置可否。

"孩子是好孩子。但是……"他忽然凝视住我的脸,轻轻摇了摇头。

这时候那帮舒坦够的人一窝蜂拥了出来。一下子把我和老李冲向了两边,我只好站在那里和三五个女生打哈哈。

2

"阮阮。"

我刚推门进屋还没坐定,我妈就开始吊着嗓子不住地叫我了。我略带疲惫的跋着拖鞋走到她面前,等候吩咐。但愿她开口不要提赵迪,不然我一定掉头就走。我在心里这么跟自己发誓。

"赵迪这病还没好,你怎么好意思到处乱跑。"她又让我失望了一次。

果不其然,我只好默不作声地掉转方向。

"嘿,我说你这丫头,快来把这鸡汤拿过去,我可炖了两个小时了。"

"谁爱去谁去。反正我不管。"我扯过被子来蒙住自己的头。

"乖丫头,快去吧。"她挪到我床边,软声细语的跟我说话,我黑着脸从床上坐起来,但似乎她从来没关心过我做这些到底开不开心。我刚把鞋子套上,她这保温桶马上拎到我的面前，敢情这全都准备好了，我不禁皱了一下眉头。

我简直快成了我妈为赵家专属定制的童养媳。从小到大就被他们硬生生地和赵迪扯在一起。我妈最爱说的一句话就是，"哎，你倒是去看看迪迪啊。"就差上厕所没让我陪同了。

我要是表现出一点儿不乐意，我妈就开始对我谆谆教导，赵家对我们有多大多大的恩情，那架势恨不能以身相许了。这我心里当然都清楚，所以抱怨的话说不出一句来，按我妈那思想，我要是坚决忤逆，就是不知恩图报，就是不善良了。

我对我爸只有一点儿模糊的印象，我没上小学之前他就生病去世了。

我妈在那个年代属于知识分子，是一板一眼的小学老师，文凭并不高。当时赵叔叔对我们家里很照顾，单位分房子的时候还特意照顾了我妈分了一套给我们，为此我妈感激得几乎痛哭流涕，虽然只有四十几平方米的空间。

那年头，孤儿寡母的确很难过活，但是因为赵叔叔一家的照顾，我和妈妈生活得还算安逸。并且我还能和赵迪时常出没于游乐场、饭店等"高级场所"。这对我来说，大概是唯一的好处了。

3

"你的鸡汤。"我硬邦邦地把保温桶递到赵迪的面前时,这厮正对着手机口沫横飞地胡侃一气,把鸡汤丢在一旁的小柜子上又继续天南地北着。

我有些烦躁,走到露台上,把窗子打开一道细小的缝隙。

"阮阮。"赵迪挂上了电话开始在里面唤我的名字。

"大少爷请尽管吩咐。"

"你来探病还是来气我?"他显得有些气急败坏,两段眉毛生动地抖起来。我忍不住"嗤"一声笑了,他也撇撇嘴,好似个长不大的孩子。

"你今天有情绪?"他喝着汤说。

"没有。"

"难不成思春?"真是狗嘴里吐不出象牙来,我抄起一旁的抱枕便劈头盖脸地打他,急得他直嚷。

"不过,说实话,我们体育队的确有很帅气合眼的男生。"他故意表情认真,看到我举起抱枕扬了扬,才终于闭了嘴,乖乖地喝汤。

他整整喝了两碗汤,像个小狗一样窝在床上央求我和他说话。

说实话,若不是我妈整天唠叨起来没完没了,还隐晦地打探我和赵迪的感情进展，我确实很喜欢他，我们是不错的朋友，简直要义结金兰。

长大的赵迪，与小时候的憨气截然不同，他目光流转，有种无法言传的轻佻，待我却是极认真的。自然，我是他的好兄弟抑或好姐姐。

我比他大六个月。所以小时候妈妈都叫我好好照顾他，有很长的一段时间，我都会有一种我是赵迪的奥特曼的错觉，因为在他有任何危险的时候我都会响应号召般地出现。

"好吧。你想说什么？"我合上画册，趴在床边目不转睛地看着他。

"一个人躺在床上快要发霉。我到底什么时候才能出去啊。"他微微蹙着眉头，不说还好，一说我便笑起来，"谁让你那么搞笑，打篮球竟然会把腿跌断。"我忍俊不禁。

他口里发出"啧啧"的声音来，"阮阮你可太不善良了。"

"不然你说怎样。要不要我帮你捶捶腿？"

"唉。好姐姐。"他从床上探出半个身子来，把脸凑到我面前，故作虔诚状，"你带阿绿来看我吧。"

"天天讲电话不是很好？"我不为所动。

"那根本不是一回事。"他据理力争。

"这可有些困难。如果被家长撞到了怎么说？"看到我面露难色，他马上更近一步，恨不得拿自己的头发在我身上摩挲，做出一副撒娇的样子来。在我面前，他似乎从来没长大过。可是为什么，我们只相差六个月而已。

"好吧。如果她可以穿得稍微正常一点儿的话，我可以考虑。"

4

出门的时候，我正好撞到了赵迪的妈妈。她提着大兜的青菜走在楼梯的内侧，看到我脸上露出一种非常夸张的欣喜状，"阮阮来了啊。"

说实话，我并不讨厌她，却始终和她热络不起来。我看过形形色色的冷眼，相比这些来，她的异常热情反而让我更加不适应。那种东西怎样形容呢，太极端的热情总让人感觉虚假。

会再接到春树打来的电话让我感觉很惊讶，虽然当时我们礼节性地交换了电话号码，但我并没想过有一天还会联系。

就像他说的，我像一个离群索居的人，并不擅长和所谓的朋友友好相处。赵迪不一样，对于我来说，他或许已经是一个根深蒂固的亲人了。

"你也许会想知道这个消息。"他的语气听起来并不像他所想要表达的那样自信。所以开始的时候我并没有对这个消息表现出过多的热情，可当他的口中慢慢道出"陈年洛"这三个字来。我瞬间绷直了自己的身体,甚至连呼吸都变得小心翼翼了。

"他在A大。"他的声音听起来像是从异常遥远的地方传来,在我的耳边产生空荡的回响声。"如果你愿意,我可以陪你一起去。"

"什么时间?"我的灵魂似乎终于从回忆的深渊里攀爬到现实世界中。

"随便什么时候,你有时间随时可以打电话给我。"他显得异常仗义,我忽然想起多年前从座位上站起来,在老李面前有些嗫嚅地为赵迪作证是陈年洛先动手的少年,那些时光,已经让我们今非昔比了。

"谢谢你,春树。"我慢慢扯起一个微笑。

我知道我最终会再见到他,我从不肯相信我们会被岁月蹉跎,这城市那么小,而我们的缘分却这么多。

恍惚想起2003年的那节自习课。他从教室的最后一排大跨步走到最前面,一脚便踹翻了赵迪的椅子。

那时候的赵迪还是非常安逸懵懂的小男孩儿,突如其来的打击搞得他彻底蒙了,坐在地上忍不住痛哭出声。而陈年洛站在原地用一种非常漠然的眼神看着他。

然后赵迪从地上猛地站了起来,朝陈年洛扑过去,两个人扭打在一起,周围的同学纷纷避开,尖叫声一片。我插到俩人中间,拼尽力气扭住陈年洛的胳膊嚷住手。

陈年洛一扬手,刚刚擦过我的脸,虽然不是很重,却发出"啪"一声清脆声响。时间瞬间凝固了,我看到陈年洛用一种不可思议的目光看着我,他的手好像僵在了半空,这时候赵迪闷声吼了一嗓子,用头撞在他的肚子上,陈年洛跌坐在地上,但是他垂下眉眼,拍拍裤子上的土挥手对人群说,"上课呢上课呢。该回哪儿回哪儿去。"然后他若无其事坐回自己的座位上。

从那时候开始,他似乎处处与赵迪作对,总是找各种借口和他打架。

赵迪根本不是他的对手,有一段时间里,他的眼睛里充满了仇恨,每次吃饭,他都要吃到撑为止。没事的时候,就在楼下对着墙壁踢一个几乎破掉的足球。待它撞到墙壁上弹回来再狠狠补上一脚。

"我会打败他的。总有一天。"他脸上第一次出现了某种非常尖锐的表情。在这样残酷的历练下,赵迪很快出落成一个貌似沉郁冷漠的男孩儿。但若是见不到陈年洛的时候,他多半会表现得很放松。

除了偶尔不在学校上课,陈年洛几乎都会攀在楼梯拐角的栏杆上,教室在四楼,他两条腿悬在空中,表情颇有些阴霾。我好似从来没有见过他笑,他总是孤零零的一个人,哼一些莫名的曲调,或者怅然半天。

那时候似乎很流行一种叫作忧郁的情绪。我知道高年级里甚至有人组成了"魅力忧郁族"。都是些半吊子的少年,他们用这种蹩脚的手段糊弄无知的小女孩儿。但是我知道。陈年洛不一样,他的悲伤是认真的。

5

从中文系走到英文系大概要半小时的时间,中途我还差点儿迷了路。

原来找一个人这么困难,尤其是找一个美女。所以当我坐在唐绿的寝室里翻着一本杂志静候的时光里,我表现得颇为淡定,全当赵迪欠我的了。

唐绿大概知道我是谁,一进来就给了我一个超大的拥抱,这热情的状态和赵迪妈有一拼,看来不是一家人不进一家门。但是虽然赵迪已经上大学了,但是他妈坚决不许他在大学里面谈恋爱。她似乎对自己儿子的未来把握得非常紧要,还曾经当着我的面对赵迪谆谆教诲。

当然,我明白有些话是说给我听的,不过没关系,我对赵迪没有感觉。但是赵迪和唐绿要在这个非常时期会面的话,我就被扯过来充当无私无畏的红娘了。

事情进行得非常顺利,我坐在客厅里看喜羊羊,能隐隐听到他们交谈的声音,间或传来唐绿一连串的笑声。

我注意到钟表上的时针快要走到四点了,这两人总算想起屋子里有红娘这个角色,赵迪躺在床上叫我的名字。我关掉电视走过去,唐绿从床边站起来,一脸甜蜜地看着我,"阮阮姐。"

我貌似只比她大两个月而已,赵迪则一脸无辜地看着我,"我会陪她回学校的。放心吧。"好像只有我是个全能的女超人。这真让我感觉到疲惫。

好在这世界上至少还有人体恤着我。几经挣扎我还是决定要去看陈年洛,他是我未完成的少女梦,哪怕只是看一眼,日后总不会遗憾。

我打电话告诉春树,他马上答应下来,并一再坚持要到学校来陪我一起去。我不好拒绝他的好意,两个人约定了时间,没有别的话便准备挂断了,但是他忽然叫了一声我的名字,"阮阮。"

"嗯?"

"这么长时间你没有和赵迪在一起吗?"

"怎么会呢?我们是朋友。"我笑了,他似乎觉得不好意思了,也附着我笑了一下。

在我的印象里,春树都是那个戴着大眼镜,衬衫穿得板板正正,讲话一紧张就有些结巴的小男孩儿。上一次见到他我差点儿没认出,他换了妥帖的眼镜,穿着运动衫,个子高了我大半个头,斯文气还在,却多出很多活力来。

原来,在过去的时光里,我们都在一刻不停地成长和改变。

6

我们坐了一个小时的公车才到了A大,因为没有座位,所以几乎全程都是站着的,车上人很多,春树一直用一只胳膊在一旁小心护着我,迎上我目光时会露出一个有些内敛的微笑来。这样明显,傻子都会明白他的心意。我转过脸去一眨不眨地看着玻璃窗外。

我们被春树的同学告知陈年洛此刻正在大教室里听马克思,现在正是课间。

两个人不歇脚地赶过去,站在教室的门口,我深深吸进一口气。缓缓地走上一级级的台阶,他坐在第四排的最外侧,似乎正端正地整理笔记,在那里我刻意停留了一小会儿,他的确注意到我了,但是目光停留在我的脸上,只一瞬间,表情没有丝毫的变化。

我的心跳忽然间平复了下来,原来,他已经不再记得我了。我所有牵念着的过去已经在另外一个人的生命里面云淡风轻了,我觉得可笑,却更加坦然。我不再欠谁的,也不用再背负着幼稚的承诺,至少现在,我们都生活得很好。这样就够了。

"你哭了?"走出门外,春树看着我有些小心翼翼地问道。

"没有。"我迅速抹掉自己眼角的泪水,"肚子好饿。我们去吃点儿东西吧。"

秋天已经接近尾声,一片落叶飘到我的眼前,打了几个旋,然后轻轻地坠在地上。

7

赵迪和唐绿尝到了密会的甜头，便愈发不可收拾。这下还想要出去走走。

"你想你的腿以后永远那样吗？"现在还不是恢复训练的时候。

"就在楼后的园子里走一下，有什么关系。"赵迪不以为然。

话都说到这份儿上，我还能在说什么，只好做出请自便的姿势来，继续看我的电视。

一集还没播完，就听到楼梯间传来铿锵有力的脚步声，然后门发出一声重响来，赵迪妈一脸怒气地走了进来，自然后面跟着面色尴尬的赵迪和唐绿。

"您这么积极地出去锻炼呐？"她把拎包拍在桌子上然后坐在了沙发里，我马上站起身来，叫了一声阿姨。

"阿绿是我的好朋友，陪我一起来看赵迪的。"我口吻平淡地解释，看不出一点儿撒谎的迹象，但聪明如她，怎么可能轻易相信我的话，这时赵迪站出来认真地说，"妈，你乱猜些什么。如果我谈恋爱，对象一定是阮阮。"

他那样坚定，唐绿的目光就暗了下去，她走过来，挽住我的肩膀，"阮阮，我们回学校吧。"赵迪妈的面色一直不好，但我和唐绿已经同她告别了，我听到她声嘶力竭地在后面喊，"姜阮，你想都别给我想！"然后她又说了什么难堪的话，我统统假装没有听到。

出了门，唐绿便甩开我的手，"他是认真的，你看出来了吗？"她声音凄恻地对我说，然后迈大步走开，头也没回。

不，她并不知道，他只是为了保全她。赵迪并不是那种在危急时刻勇于承认自己女朋友的人，他只会把她深深地藏起来。我了解他的性格。但是恋爱中的女孩子都是非常爱吃醋的。

后来这件事不知怎的被我妈知道了，我妈气急了，扯着赵迪妈吵了起来。

原来那些我们表面上看着非常美好的东西早就已经变得面目全非。我想我妈并不明白，我和赵迪本来就是不会有未来的那种人，因为我们根本就不可能开始，用不着费力地去培养什么所谓的感情。

后来一直到他的腿伤好起来，我也没再去见过他。我家和他家多年来貌似很好的关系也彻底宣告瓦解。他曾向我道歉，但我轻轻摇了摇头，脸上挂着淡然的笑意，没关系，比那更加难堪的境遇，我也曾经遇到过。

历练总是让心变得坚硬而麻木。

8

那天夜里我做了一个梦，梦里，我回到了很久以前，陈年洛还很喜欢坐在四楼的护栏上，双腿荡在半空中，他大概不知道那姿势让人感到心惊。

"很危险的。"我站在他身后轻轻地说。他稍稍侧过头来打量我的面庞。然后他一跃身便跳了下来。

"谢谢。"走过我身边的时候他声音沙哑地说道。

他从护栏上跳下来的时候,有一张小小的纸片也从他的身上掉了下来,我走过去捡起来,那上面用隽秀的小字写着一首哀伤的诗,虽然那个年纪的我并不能全看懂,但是我觉得,陈年洛的忧伤,我完全可以理解。

因为几行莫名的小字,我觉得自己似乎更加青睐他了。那以后,他并不常和赵迪打架,只要我在赵迪身边的时候,陈年洛是绝对不会动手的。

那年冬天,班级里组织去野生动物园参观,赵迪混迹在一群男生中看气势汹汹的狮子、老虎。我只看看猴子就觉得很野生了,最后只有陈年洛一个人和我落在了班级的最后面。

"要不要去吃棉花糖。"他站在我身边貌似非常不经意地说道。

"好啊。"我说。

然后我们两个一起跑到了动物园外面,那个白头发的老奶奶转出来的棉花糖香甜无比。我和陈年洛一人拿着一个,但是后来他没有吃,把棉花糖又塞到了我的手里。他看一看我,低下头踢脚下的石阶,内敛而羞涩,和他打架时的样子完全不一样。

太阳快下山的时候，同学们都陆陆续续出来了，赵迪看到我，叫着我的名字跑到我们这里来，陈年洛声音轻而快的忽然在我耳边说道，"我喜欢你。"然后他假装若无其事地走开了。但他的脸上分明泛着红晕。

后来，是家庭变故，还是因为在外面惹了事？没有人知道。陈年洛迅速办理了退学手续，从此消失在我们的视线里。我再也没有见到他。

"再也"的意思就是指，其实上一次春树带我去见的那个人并不是陈年洛，那只是和他长相非常相似的另外一个人。

"我想你总该了却少年时未完的心事。"春树终于肯坦白。

这时候我才知道，原来那时候我和陈年洛都自以为非常隐秘的恋爱心事其实早已是众人皆知的秘密，相互喜欢的人之间，哪怕一个眼神的传递，在外人眼里都是看得非常明晰的，当时所有人都知道我和陈年洛的小欢喜，只有我们还沉浸在自己的小世界里兀自沉醉。

所谓当局者迷，大概就是如此了。

9

后来文理分班，我在学校里并不时常能看到赵迪，就算看到彼此也不会很热络地打招呼了。

——"我们总会告别的,哪怕我们曾经多么的亲密。"

——"我们走过一路青春,却最终没有机会在一起。"

这是赵迪曾对我说过的。

——"我曾经喜欢你,但是你喜欢陈年洛。"

赵迪又新交了一个女朋友,唐绿对他那天所说的话耿耿于怀,自此公开和别的男生交往,他们最终不欢而散。

赵迪没有告诉我的是,他的腿伤并不是打球时跌伤的,而是陈年洛打的,他又回去找他了,这时候的陈年洛已经在社会上混了几年,下手非常狠。赵迪对他说,我已经和他好了很久了,要他不要来打扰我。他们约定了时间单挑,不问输赢,从此前尘往事,一笔勾销。

赵迪没有说,我便假装不知道。曾经陈年洛是我的记忆里,最完美的少年,我想赵迪明白,他也不想破坏我心中的美好,而回忆与现实早已完全不同了。

这年的四月,我开始和春树平淡地交往起来,他是个稳妥的人,至少会给我不跌宕的幸福。我自觉很满足。

每个人的年少,大概都会有一段难以忘怀的记忆吧,不管欢欣还是悲伤,但它们注定了仅仅只是过往。

仅此而已。

深井小姐和星光先生

安 生

我第一次遇见星光先生是在半圆广场的花坛边,那时我正无聊地观望着人群,它第一次回应我"早上好啊"的时候,我以为自己一定是获得了特异功能。

"作为狗来说,我够特别吧?"它将头伏在前肢上,趴在花坛边,懒懒地看着百思不得其解的我。

"谁知道呢?"我看到它的眼瞳不是诡谲的幽绿,而是深邃的蓝,略去浮夸,沉淀情愫,它的明眸像一汪清泉,时而沉静,时而晕开无声的涟漪。

"说不定是你想找个人说话,而我刚好也愿意倾听,所以我们就可以交流了。"狗先生自己摇晃着脑袋。

"你别妄下结论啊!"我不屑地扭头看着广场上空的风筝,腰板挺得直直的,就好像自己是自己世界里的英雄。

"以前也发生过这样的事情啊,好久以前了。"他假装没有听见我的话。

"那个人估计也是个孤独的家伙吧。"我悻悻地看着广场西边夕阳正在缓缓下沉,阳光染红了我混迹的这所二流大学的每一个角落。狗先生叹了一口气扭头对我说:"嗯,是的,那些年深井小姐还是孤独的小姑娘。我也还不是一只贵族狗,那时我叫作星光先生,噢,对了我忘记告诉你,我现在就住在你们那大学旁边的别墅小区里,我的饲主是个高贵的女人,在她开始领养我的那一天,我就告别了深井小姐。"

星光先生问我对这件事有什么看法时,我摇了摇头,我不认识深井小姐,甚至与星光先生也只是第一次见面。而星光先生却固执地认为它离开深井小姐,是因为它不够勇敢。

星光先生曾经是一只特立独行的金毛。对生人友善,对小孩友善,气质高贵,安详平静。2009年的夏天,深井小姐居住的那条破旧的老街新开了一家宠物店,老街的墙上到处都是斑驳的广告纸,风雨吹散,幢幢树影,星光先生就在这宠物店的笼子里。那时的深井小姐还是个初中生,她背着书包,奔跑的脚步声在空旷的老街回响。当星光先生闻声抬头时,看到穿着白色校服的深井小姐,齐眉齐耳的短发略显笨拙,气喘吁吁地趴在笼子旁边盯着他。然后对着身旁西装革履的中年男子说:"爸爸!爸爸!我们买这只吧,我喜欢金毛!"

中年男子推搡着深井小姐:"你妈妈不喜欢养这些东西!走吧走吧。"深井小姐被推着往前走却不忘回头看着笼子里的星光先生。

而后每天放学,深井都会来到宠物店看看星光先生。宠物店的每个员工都认识了这个小姑娘。

有一天,星光先生终于忍不住想跟深井小姐打个招呼,那是它第一次发现自己可以和一个人对话。深井小姐非常惊喜,超越类属的彼此关照好像在这样的邂逅中达到了平等的懂得。深井小姐没有什么朋友,学霸只喜欢和学霸玩,英雄惜英雄,学渣只喜欢和学渣玩,深井小姐不是学霸也不是学渣,所以只能静静地站在沸腾的人群外,唯一的爱好大概是看书,唯一的朋友是星光先生。

深井小姐已经习惯了和星光先生的聊天,就像吃饭睡觉呼吸空气一样,平凡又不可缺少。

爸爸告诉深井小姐如果能考上重点高中,就允许她将星光先生带回家。那个时候的深井小姐,莽撞如小鹿,不愿意给予自己足够的时间来等待自己的提升,只知道狂奔,无止息地奔跑。她以为所拥有的时光有限,不能不对自己苛刻和吝啬。然而最后,她只考上了全市最差的高中。当她再次来到宠物店的时候,星光先生悲伤地告诉她,今天早上有个顾客要将它买走。深井小姐惊慌地趴在笼子上,不停地告诉星光先生,一定要等她。星光先生看着身边那些和它同龄的狗狗都找到了合适的饲主，它成为宠物店年纪最大的狗。可这一等又要等三年。

　　星光先生总是对深井小姐说："总有一天你会改变，然后不喜欢我的。"深井小姐不相信。她开始努力，只要想到爸爸愿意把星光先生买回家，她就充满动力。只是在那些深不见底的夜晚，看数学书，看到想吐，就闷头写故事，将星光先生告诉她的每一个故事跃于纸上。写着写着，天就亮了。那样的感觉像是打着手电筒，一个人在漆黑的郊外走路，月色寒冷，一路走着，内心恐惧，清醒又亢奋，那样寂静而孤独的路上。深井小姐没有野心，无欲无求，只想在天亮前好好讲完一个故事。可能是这种无辜和赤诚，能够感动到一些人，所以在另一个世界里，深井小姐渐渐有了许多小读者。她以为这样下去，只要她孜孜不倦，生命定会赐她一个稳妥的安排。可是高三那年，深井小姐的爸爸开始赌钱，起先还能兼顾一下家庭，到后来，他不太去上班。等到深井小姐高考完，才知道爸妈已经离婚了，爸爸借高利贷，利滚利几十万，债主跟着他要，单位领导说影响不好，不要再去上班了。十八岁生日那天，深井小姐以为可以将大金毛买回来了。可是债主逼债来敲门，她不敢开门。爸爸为躲避债主已经两个月没回家。债主在她们家门口撒尿，烧纸，踢门，漫天咒骂，整整一晚，没有一个人出来帮帮她。当大人不像大人的时候，孩子唯有快快长大，大概就是这样的吧。

等到第二天，深井小姐到宠物店的时候，一个穿着黑色大衣红色高跟鞋的女人正牵着星光先生，深井小姐对那个大衣女人说："让我抱抱星光先生吧。"大衣女人笑得脸上的粉都快掉下来了，说："小妹妹，你喜欢金毛啊？小女孩儿应该养泰迪，姐姐买只泰迪送你？"深井小姐没有回答大衣女人，只是慢慢蹲下来，抱抱星光先生。那是深井小姐第一次拥抱星光先生，它就像一个大棉被，可以容下深井小姐所有的悲欢喜乐。

星光先生说它已经老了，它不能再等深井小姐了。深井小姐突然微笑道："没关系，我也不喜欢你了。"星光先生用一种意味深长又相当意外的表情看着深井小姐，仿佛不相信她竟然这么说了，又仿佛发生这一切早在它的意料之中。而深井小姐则用一种相当镇定的表情看着它。寒风从身边刮过，星光先生死死地盯着深井小姐，时间好像已经过去了一整年那么久，最后，星光先生转身疲惫地跟着大衣女人走了，背影像是一头已经累坏了的牛。星光先生也没有勇气挣脱开大衣女人。

不知为何，我似乎有些生气，深井小姐是真的"喜欢"吗？也许只是年幼的她有太多关于这个世界的索求无处寄托，该是那样的年纪里，无论出现一个谁，只要恰好符合当时的心境，都会被装进那个小小的星空中——那本不是外部世界的广阔星空，只是一颗年幼的心灵。而星光先生只是不希望自己一生中的随便哪个遭遇成为一种生命的浪费。但是他老了,只有老了才会计较,计较每一次等待,时间是如此经不起等待。

星光先生说,深井小姐那时还不知道,当一个人,不,是一只狗,要做出与大多数狗不一样的选择时,就必须拥有更多的勇敢,应对这个世界的所有可能的攻击和冲撞。不过她以后会慢慢知道。故事到这里就算结束了吧。

"人生有幸再相逢。"星光先生说完摇摆着尾巴走了。我凝视着他的背影,像是在欣赏一出结局已定的默剧。

夜已经很深了,阵阵刺骨的寒风不能让人更清醒,反而让我更迷茫。长夜里的人的情绪完全不能自控。我一直在想,我到底是喜欢你,还是需要一个影子,放在心里让我喜欢。我已经不是很多年前那个留着齐眉齐耳短发的女孩了,我低头回到宿舍的时候,室友还没睡。

"深井,怎么这么晚才回来,外面不冷吗?"室友从韩剧中抬头泪眼蒙眬地看了我一眼。

我摇摇头,坐在书桌前,想起三年前,星光先生离开的时候。

宠物店老板看着站在原地的我,装作很内行地说,养那些骄纵的动物,有可能对一个人的性格产生影响,以后走上社会有这种脾性可讨不了好。

星光先生离开后,我经常做梦,梦见自己掉落深井,大声呼喊,等待救援……天黑了,黯然低头,才发现水面满是闪烁的星光。在最深的绝望里,我遇见了最美丽的惊喜。可是青春如烟般呛鼻,梦到相伴多少路,酒醒北望隔天涯。照进深井的星光就像飞雪一样猝然涌现,又倏然消失。

在我上大学的前几天,妈妈突然回来了,带着我去寺庙烧香拜佛,为求一个好前程,她在佛像面前很虔诚地跪拜,口里念念有词。拜完佛妈妈才告诉我她要结婚了,对象是一个大她十岁的老头儿,正准备移民加拿大。妈妈抱着我,哭着告诉我不是要抛弃我。可我并不感到伤心,这些话就像一刀捅进棉花里,没有痕迹,没有声音,连刀子陷进去都看不见。

离开星光先生后,我遇见了许许多多的狗,可是我再也听不懂它们说的话了。

高中毕业聚会结束后的那个晚上,走在回家的夜路上,路过一个垃圾堆,我听见了细细的呜咽声,转过头,看见一只白色的小狗卧在垃圾堆上。它被毛巾裹着,好像才出生不久,就被人遗弃了。我鬼使神差地把它带回家了,我忘了家里正负债累累。忘了爸爸心情极度低落,他说不要带这些回家,我记得第一次他不愿意让我带小狗回家是因为他说妈妈不喜欢。可是现在他说:"你连自己的都养不活,还想养一只狗。"我觉得他说得好像有道理。有时候我想,就这样无情吧,年轻总是伤感的,为了一只狗而伤感,但世界上总会有好多人安慰你,那不过是只狗。后来，我再也没有遇见过星光先生了。

多年后我偶然在一本书上看到这样一句话："当你还是个孩子的时候，你认为你拥有了许多朋友，但事实上，你拥有的仅仅是伙伴而已。所谓的伙伴就是那些站在你身边，看着你长大成人，然后又渐渐淡出你的生活的人。于是，你开始了新的生活。"

不完美姐姐

林笛梵

1

聂小浅升了初中之后,妈妈在双十一当天给她买了一块卡西欧的手表,打完对折后还是花了两百多的大洋。当我得知这个消息时,我躺在客厅的地板上哭得那叫一个撕心裂肺,嗓子冒烟鼻涕横流,呜呜地控诉着妈妈的不公平。

妈妈听到我的哭声后,马上从厨房跑了出来,解了围裙,安慰我,说道:"茜茜乖,等你上了初中也给你买同款的,好吗?"

"嗯。"我想了想,最终还是点了点头。妈妈就这么轻而易举地阻止了我的哭闹,而聂小浅却是一副得意的表情坐在沙发上欣赏着她的新手表,脸上的笑容让我嫉妒得牙痒痒。

但是还没有等到我升初中,聂小浅就用腻了她那款卡西欧,她说现在的初中生光有手表是远远不够的,他们班的李莉买了智能手机以后,就再也没有迟到过了。手机的功能有很多,除了能够看时间、定闹钟,还能在关键时刻打电话、发短信。

我听得羡慕极了,两眼放光地看着聂小浅,她总是能讲出好多有趣的新鲜事,等她讲累了,我就跑去倒一杯白开水递给她。聂小浅一边喝水一边斜眼看我,疑惑地问:"有事求我?"

"嗯。"我立马点头,态度前所未有的好,"能不能把你那块手表卖给我?"我知道,聪明如聂小浅,她一向精明能干,从不做亏本买卖,免费送我,想都别想。

"不卖。"聂小浅放下杯子,她看了看手上戴着的卡西欧,又看了看我祈求的眼神,最后无奈地说,"除非,以后你的早餐钱分我一半。"

"多久?"当时我太想要那块手表了,我觉得付出什么样的代价都是值得的。

"一年,否则免谈。"聂小浅只是单纯地不想卖给我,她想让我死了这条心。

只是我偏偏想要那块手表的决心超出了她的想象,于是我不假思索地点头赞成了这笔交易:"成交。"

妈妈工作繁忙，每天早上都会给我和聂小浅各五块，炸酱面加豆浆，我还能剩下一块五的私房钱。但自从和聂小浅做了交易后，我就只能吃完炸酱面，再看看手上的卡西欧，明显戴在我的手上太大有点儿不合适，但我很喜欢。

就这样，一年后我升了初中，又跟着聂小浅屁股后面当她的小跟班。债务已经还清了，我一共给了她九百多块，天啊，两百多块的手表她竟然收了我近千元的转让费。由此可见，聂小浅真的是个坏姐姐。

2

开学第一天晚上放学后，聂小浅就偷偷摸摸地把我叫到了操场的角落，她来回踱着步子，眉头紧皱，迟疑了很久才开口对我说："聂小茜，我跟你商量个事呗……那个，你以后放学后就自己回家，或者和你的同学一起走，不要等我。"

"为什么？"我不满地撇了撇嘴，在学校有个姐姐依仗着多好，不说别的，光凭这个同年级的男生都会敬我一尺。见聂小浅不说话，我又补充道："妈妈在家可是再三交代过，我们要一起回家，你要多照顾我。"

"我们学习上现在抓得比较紧，经常会拖堂，半个小时一个小时都是常事……"聂小浅说着手不自觉地挠了挠耳朵,低头不再看我。

"姐,你撒谎,你每次撒谎都会挠耳朵。"我刚说完,聂小浅就着急地抬起头,一脸做贼心虚地捂住我的嘴,小声地吼道:"聂小茜你记住,以后在学校不准喊我姐,也不准告诉任何人我是你姐,碰见了也要假装不认识,尤其是在我同学面前。"

"为什么啊?"我挣开了聂小浅的束缚,红着眼睛看着她,我觉得她以前只是个对我不太好的坏姐姐,可现在我都不知道她怎么想的。

"……因为我们班的同学百分之九十九都是独生子女,聂小茜你知道吗?就是因为你,我成了我们班那百分之一的另类。"聂小浅居然当着我的面哭了,我都没哭她居然哭了,真是可笑的自尊心作祟,我丢下她,独自一个人回了家。

这件事情,我并没有告诉妈妈,我不想聂小浅从此看低了我,认为我是一个只会告状的胆小鬼。我在想,作为妹妹我一定是让聂小浅觉得丢人了,她才不肯在学校里承认我。

于是,很长一段时间,我在学校里都特别谨慎,见到聂小浅也是擦肩而过,然后我回头都能看到她满意的微笑。好朋友每次问我在看什么,我也只能说没什么,只是觉得学姐们的校服真好看。

直到有一天,我被后桌的胖男生欺负了,他自己没写家庭作业非要抄我的,我不同意就伸手来抢。胖男生把我推倒了,膝盖都流了血,我气不过,哭着跑去找聂小浅。刚到他们教室门口,就看到了站在走廊上聊天的聂小浅,我刚撇嘴准备哭诉:"姐……"

啪!一个巴掌重重地盖在了我的脸上,我甚至来不及反应怎么回事,站在原地愣了半天。聂小浅显然也吓住了,悬在空中的手抖得厉害,过了一会儿,他们班有人起哄:"聂小浅怎么打了她妹妹?"

"聂小浅是不是疯了?"

我心里委屈极了,被胖男生欺负就算了,聂小浅她可是我亲姐姐,居然不问青红皂白就打了我耳光。这是她第一次打我,我觉得自己不会再原谅她了。

3

晚饭的时候,平时热闹的饭桌上,我和聂小浅谁也不理谁,安静得只剩下筷子和碗碰撞的声音。妈妈似乎感觉到了不对劲儿,她给我夹了一块红烧排骨,然后问我:"茜茜怎么啦?今天怎么不开心?"

憋了一晚上的眼泪终于在此刻决堤,我默默地扒着碗里的米饭,咸咸的眼泪混在米饭里真是难吃极了。妈妈马上发现了我在哭,慌忙地放下了手里的碗筷,两手抬起了我的下巴,一张泪眼婆娑的脸吓坏了她。

"到底谁欺负了你?"妈妈明显很生气,见我光哭不说话忙转身看着聂小浅,责备地问:"是不是你又欺负妹妹了?"

聂小浅还来不及回答,我就把腿从餐桌下伸了出来,哭得更委屈了,声音都打着战,"妈,是我们班的胖男生,他今天抢我作业,还把我推倒了。"

妈妈心疼地给我上药,扬言说第二天一定会去学校找老师给我评评理。但是妈妈工作很忙,第二天就把这事忘记了,胖男生依旧会强行抄我作业,欺负我没人保护。

班会的时候,老师站在讲台上公布了一个好消息,说是文艺晚会将在一个月后举办。每个班里都要出一个节目,我们班的节目最后定下是电子琴合奏。如果愿意参加的,可以先填报名表。我拿着笔站在讲台上,迟疑了一会儿,最终在表上签下了自己的名字。

回到座位后,后座的胖男生马上踢了踢我的椅子,拖着长长的鼻音说:"聂小茜,不是吧,你也要参加电子琴合奏啊,请问你有电子琴吗?"

周围的同学也跟着起哄,我却默默地低下了头,是的,我没有电子琴,可是我喜欢也没有错啊!

回家的路上,我一直踢着路边的小石子,心里琢磨着该怎么让妈妈给我买架电子琴。妈妈一定会说,现在以学业为重,不要总想些乱七八糟的事情,而聂小浅她不帮倒忙就算帮忙了。

突然，身后一颗石子滚到了我的脚边，接着就是胖男生讨厌的声音响起："嗨，聂小茜，走这么慢还在为电子琴的事情发愁啊？"

我懒得理他，径直走自己的路。胖男生突然使劲儿拉住我的胳膊，我被迫停了下来，有点儿害怕地看着他，只听他说："和你说话听不见啊，和你商量个事，你以后帮我把家庭作业都写了，我把我家的电子琴借你用。"

虽然很讨厌胖男生，但不得不承认的是，这个条件让我心动了。

"那好……"最后一个"吧"字还没有说出口，聂小浅也不知道从哪个角落蹦出来的，挡在了我的前面，凶神恶煞地盯着胖男生，威胁道："以后不准欺负我妹妹知道吗？否则我不会放过你的，还有，电子琴我们家有，不需要你的假惺惺。"

"姐……"我话没说完，就被聂小浅拉走了，她拉着我到了光谷天地的琴行，然后指着里面的电子琴对我豪气地说："喜欢哪个随便挑。"

"你哪里有钱？"我看着此刻的聂小浅，突然鼻子一酸。

"你的早餐钱，喏，一共912元，我一分没动。"聂小浅从书包里拿出厚厚一叠钱，看得我眼花缭乱的，原来她并没有用这些钱去买智能手机。

最后，聂小浅给我选了一架电子琴，老板说可以配送到家，于是我们在收银台填了地址付了账。出了琴行，聂小浅小心翼翼地牵起我的手，她说："对不起，我不是一个合格的姐姐。但是聂小茜你要相信我，我会慢慢学着做一个完美的姐姐，你相信我吗？"

"我相信。"我重重地点了点头，脸上是前所未有的坚定，聂小浅，你不知道，其实我早就原谅你了。因为有个姐姐，我变成了最受宠爱的那个人。

我们是失败的姐妹

张爱笛声

一九九三年的六月初六,经过妈妈一夜的努力生产,我和苗禾禾睁开迷蒙的双眼,来到了这个世界。因为三秒的领先速度,苗禾禾成了我的姐姐,而我成了她的妹妹。

听说在我们出生的时候,苗禾禾的手与我的手轻轻地缠绕在一起,医生和父母看到了又惊又喜,他们都说,这俩小丫头手牵着手来拥抱新世界,当真是姐妹情深。

1

因为爸妈都是学校里的教职人员,所以我和苗禾禾从小就在学校里长大。好像人们对双胞胎总有天然的喜爱,小小的我们无论走到哪里,都能收获大片的关爱与赞扬。教工宿舍的叔叔阿姨会常常到我家串门,捏着我们胖乎乎的小脸，然后宠爱地递给我们棒棒糖，我听到他们无数次地和我父母说，"以后我要是能有这么一双宝贝女儿就好了，又精灵又可爱，像是上天派来的天使。"因为长着一样的脸，所以外人很难区分我们，他们总是很努力地试图从外貌上分辨出我们，但最后往往都是他们颓然地发问，"你们谁是禾禾，谁是谷谷？"而我和苗禾禾也很热衷于这种"认脸"游戏，每次都大笑着一起说，"我这一秒是禾禾，下一秒是谷谷，像孙悟空一样七十二变！"

小时候，我们家只有一台洒满雪花的黑白电视机和一台破旧的收音机，而我和苗禾禾就每天把收音机带在身边，跟着里面学相声，学唱歌。到了上幼儿园的时候，我们已经学会了在众人面前自如大胆地表演相声，在文艺晚会上载歌又载舞，把别人逗得哈哈大笑是让我们觉得最幸福的事。

在我记忆中，苗禾禾曾像一个姐姐一样呵护过我，而我也曾像妹妹一样依赖过她。记得有这么一次，幼儿园午休的时候，同班的一个胖男生把足球狠狠地砸在正在熟睡的我的头上，我在睡梦中被疼醒，然后号啕大哭。苗禾禾听到哭声也醒来，看到我捂着额头哭泣，看着胖男生趾高气扬，她把我轻轻抱在怀里，"妹妹不要怕，禾禾在呢，禾禾会保护你的。"然后她就冲出去和胖男生扭打在了一起。那天晚上爸妈来接我们回家的时候，看到的就是手臂、双腿都被抓出伤痕的苗禾禾和额头上有一个红印记的我。我怕爸妈会批评我们,勇敢站到了禾禾身前,"班里的男生欺负我,是禾禾保护了我,你们不许骂她。"然后我回头,看到苗禾禾宠溺地冲着我笑,尽管我们都灰头土脸,但却幸福盎然,笑靥如花。

那时候的我们,像是一朵并蒂莲,花开灿烂,相信人生就算再多风雨,只要我们携手,就无惧无畏。

2

是什么时候开始,我和苗禾禾之间出现了裂痕?

大概是从五年级那年,我们第一次参加全市奥数竞赛开始的吧。我和苗禾禾的性格特征从上小学时就已经凸显出来,她外向开朗,喜欢唱歌跳舞,总是有很好的人缘。而我的性格规规矩矩,喜欢安静读书,一副好孩子好学生的样子。从一年级到四年级,我和苗禾禾的成绩不相上下,但到了五年级,开始接触奥数的我们一下子拉开了差距,苗禾禾讨厌数学,她的奥数成绩从来没有及格过,而我,因为勤奋努力,加上对学习的兴趣,总是能获得很好的成绩。学校推荐我去参加市里的奥数竞赛,妈妈对数学老师说,"让禾禾也一起去吧,也好锻炼一下,得什么名次不重要。"

苗禾禾虽然心里百般不情愿,但终究是五年级的小孩子,拗不过老师和父母,陪着我一起参加了比赛。

很快，比赛结果出来了，我拿了全市第一，在学校里成了小红人，走在哪都有老师指着说，"看，那是苗老师和江老师的女儿，奥数竞赛第一名，以后肯定是上重点大学的料。"但我心里并没有想象中的高兴，因为苗禾禾在那一场竞赛中只考了五十几分，连及格线都没到。她倒没有特别难过，但是因为和我长着同一张脸，所以常常会有人把她认作我。竞赛结果出来后，有其他班的同学常常捧着试题过来找我，但往往认错了人，把试题往苗禾禾桌前一摊，"苗谷谷同学，你能指导一下我这道题该用哪种方法来解吗？"周围的同学哄笑着围过来，"这是苗禾禾，旁边才是苗谷谷，苗禾禾的数学成绩可烂了！"苗禾禾的脸青一阵白一阵，然后默默地从座位上走开，很久都没有回来。

苗禾禾也有自己的骄傲。在六年级的毕业晚会上，她既当主持，又唱歌跳舞，甚至连话剧表演都是她当主演。我坐在台下当观众，看着她在台上闪闪发光，看着她捧回一个"毕业晚会学生之星"奖，我心里除了高兴还有大大的羡慕。

但是那天晚上，当她把手中的奖杯献宝似的拿给爸爸妈妈看时，爸爸只点了点头，蜻蜓点水似的表示了赞扬。妈妈语重心长地说，"禾禾啊，你毕业考试的成绩实在太差了，根本就上不了一中，你能不能别把时间都用在唱歌跳舞上，多读读书不好吗？"

苗禾禾站在那里很是尴尬，她犹豫着开口，"妈妈，其实我不去一中也没事的，我觉得附近的天平中学也不错……"

妈妈一摆手，打断了她的话，"幸好谷谷考得好，好几个学校争着要。我和你爸爸找一中校长谈过了，如果要谷谷去也可以，但要你也必须陪着去读，他也答应了。你啊，以后多把心思用在学习上，不然以后大学真的考不上。"

妈妈一声若有若无的叹息让苗禾禾的心情跌到了谷底，我看着她慢慢地踱回房间里，手里的奖杯也显得沉重无比。那一天晚上，她房里的灯一直亮到很晚很晚。

3

从初中到高中，我和苗禾禾都在同一个学校，但交集却越来越少。她凭着开朗阳光的性格和唱歌跳舞的特长成了学校里的"风云人物"，而我的脸埋在书本里永不抬头。

苗禾禾扎着马尾，穿着一身白色连衣裙，骑着自行车从学校里穿行而过，一群男生在她身后吹着口哨。

我穿着深蓝色的校服走在校道上，每天早出晚归，脑子里想的永远都只有未背完的课文和未解出的数学题。

苗禾禾在文艺活动上当主持，在台上帅气地打爵士鼓,台下的同学大声呼喊着她的名字。

我在学校演讲比赛上力挫群雄,赢得冠军,也赢得一片喝彩。

……

苗禾禾和苗谷谷,在各自的领域里演绎着各自的精彩,虽然辉煌,但也孤单。

上高中之后,爸爸准许苗禾禾去走艺术的道路,所以苗禾禾更加的自由潇洒。我坐在教室里听着枯燥无味的课,有时会看到苗禾禾从我们教室的窗前走过,她穿着紧身的舞蹈服,扎起马尾,脸上洋溢着自信的笑容,像是一只骄傲的白天鹅。

我的同桌和我说,"刚进学校的时候总是分不清你和你姐姐,但是现在发现你们也没有那么像。"

是啊,不像了。我低头看了看自己,叹了口气,然后继续去听课。

苗禾禾的艺术成绩一直很好,而且她也够聪明,尽管放在文化课上的时间不多,但是成绩一直稳定在艺术生里的前三名,曾经在爸妈眼里"不务正业"的苗禾禾,如今越来越闪闪发光。

意外发生在高三的一次晚自修。那时已经是五月,离高考时间越来越近,我每天在学校里待到很晚才回家。而苗禾禾早已完成了艺考,肩上的担子卸下一半,所以她来学校的时间已经很少。那一天晚上下了很大的雨,苗禾禾来给我送伞,我们骑车一起回家的时候,苗禾禾被一辆车碰了一下,整个人跌在地上,腿上一片血红。

幸好当时在学校附近,苗禾禾很快就被送到了医院。爸妈闻讯赶来,看到苗禾禾虚弱的样子,心疼得不行,直怪我没有照顾姐姐。

医生说苗禾禾需要输血,问我们家人谁是B型血?我自告奋勇地向前,却被妈妈拦下,"医生,用血库的血吧,B型血不罕见,别抽她的,她下个月要高考呢。"

我回头看了一眼躺在病床上的苗禾禾,记忆又回到了幼儿园的时候,她轻轻抱着我,说要保护我。

我把妈妈扯拉到了医院的花园里。

"妈,你老实告诉我,你是不是不喜欢禾禾?"我的声音已经在颤抖。

妈妈显然很惊讶,她没有想到一向乖巧的我会问这样一个问题。"你在说什么?就因为我拦住了你不让你献血给禾禾吗?你们是我生下来的,我会偏心你们任何一个吗?"

"但是妈妈,我察觉到了,你更偏心于我,爸爸则更喜欢禾禾。因为你觉得,女孩子就该像我一样,好好读书,拿第一名,考上重点大学,禾禾显然不会走这么规矩的路,所以你宠爱我,因为我符合了你的期望。而爸爸开始时反对禾禾唱歌跳舞,但是后来他发现禾禾比我开朗外向,比我更多才多艺,所以禾禾成了他的骄傲。禾禾的每一次比赛，每一次演出，他都一定坐在台下。禾禾去艺考，他请假三天陪考。我无论什么比赛，爸爸都没有出席过，甚至连家长会都没有。妈妈，我们是双胞胎，你们为什么要这样区别对待？"

妈妈的眼泪一下子就下来了。

"我阻止你献血给禾禾，是因为你上初中的时候就开始贫血，下个月你就要高考，所以我不允许你这么做。禾禾需要B型血，医院有，就算医院没有，还有你爸爸，他可以输。我怎么可以让本来就贫血的你来呢？

"你和禾禾是两姐妹，一荣俱荣，一损俱损。作为一位妈妈和一名老师，我当然希望你们两人都十分出色和优秀。你成绩一直很好，一直是我的骄傲。禾禾呢，她个性不羁，我和你爸爸曾经很希望通过教育，让她成为和你一样的孩子。但是后来我们放弃了这个想法，因为你爸爸在看完禾禾的一场演出之后发现，禾禾天生属于舞台，她热爱唱歌跳舞，我们不该扼杀掉她的梦想。所以我和你爸约定好了，我把重心放到你的身上，辅导你的功课，关心你的身心健康。而禾禾，她有时任性妄为，需要父亲在她身边时刻提醒她，不要太贪玩，要记得自己的梦想和匡正自己的不良行为。谷谷，没有父母会不爱自己的子女，尤其是你和禾禾，我们没有理由不爱。"

我能理解妈妈，尽管他们这种爱偏离了方向，也让我和苗禾禾常常在爱的领域里患得患失。但我无法责怪他们，我只是常常担心禾禾，她从来没有提出过这种质疑，也没有因为妈妈的某些做法喊过不公，在她的心里，有怎样的一番想法？我无法知晓。

4

在两个孩子的飞翔中，一个人的跌落，换来的都是两个人的悲伤。父母常常担心我和禾禾会有任何一个人选择跌落，但他们却没有想过，有一天我们会选择与对方相反的方向飞翔。

苗禾禾有了自己的世界，那个世界里，也许已经没有了我，就算有，也不是现在的我，而是幼儿园时候的那个抱着她，依赖她的小妹妹。

苗禾禾跟我愈显疏远。她剪短了头发，并把黑发染成了黄发，穿跟我截然不同的衣服，甚至连那张和我一模一样的脸，她也开始试图改变。她到美容院里花了一笔钱在脸上画了一颗痣，别人看到我们，再也不会认错了。

高考过后，我问苗禾禾的志愿填在哪里，愿不愿意和我一起到上海去，两个人相互之间也好有个照应。苗禾禾看了我一眼，嘴角扯出一个笑容，"我们在一起那么多年，有彼此照应过吗？现在我终于满十八岁了，有自己的人生了，苗谷谷，我不要再活在你的阴影下了。"

我霎时愣住。

"住院那天,妈妈阻拦你输血给我,我心里真的很难过,就算我有千万般不如你,我也还是她的女儿啊。这么多年来,我其实一直都希望得到她的认可,但我发现,我不可能等得到这一天。即便是双胞胎,妈妈也还是会偏爱更优秀的那一个,剩下的那一个,只能成为影子。还有一个秘密你不知道吧?每个星期一,你离开家门去学校的时候,妈妈总是会站在阳台上目送着你离开,那种深情的目光,那种母爱的姿态,你不知道那时我多希望,那个背影是我不是你。"

我的心像是被扔进了一块重重的石头,我试图开口,却不知要如何开口。

最后,苗禾禾去了北京,我去了上海。

上了大学后,我和苗禾禾的联系越来越少了。寝室有个女孩儿常常和她姐姐通电话,芝麻绿豆大的小事都能讲两三个小时。而我和苗禾禾之间,别说聊天,最长的一次通话记录,只有两分半钟。

我把苗禾禾和我的一张合照摆在桌面上,引来宿舍人的极大好奇心。

"哇,你有双胞胎姐妹啊,真的长得一模一样耶。"

"你们一样漂亮,但你姐姐好像比较活泼吧?"

她们七嘴八舌地议论着。

"嗯,她会唱歌,会跳舞,还拿过CCTV一个主持比赛的奖项,她很优秀。"我骄傲地谈起苗禾禾,没有嫉妒,没有羡慕,有的只是满满的自豪感。

打开朋友圈,苗禾禾刚好发了一组照片,她在西藏的蓝天下奔跑,在牧民的家里喝茶,在镜头前笑靥如花。我在那组照片下评论:

禾禾,也许我没有和你说过,我也曾经那么仰望过你。我喜欢你的潇洒与自由,喜欢你玩摇滚,弹吉他的帅气模样,也羡慕过你有那么多的好朋友、好兄弟,我曾在梦里想象过,如果我成为像你一样的女孩儿,我该有多开心。

我知道你也曾经仰望过我,羡慕过我。也许是在五年级的奥数竞赛过后,也许是在初中的优秀学生颁奖活动上,也许是在妈妈表扬我拥抱我的时候,你一定也有一个瞬间希望成为如我一般的人。

但是禾禾,谁让我们是一对双胞胎呢?谁让我们是世界上最了解彼此的人呢?我能清楚感知你的不快乐,你也能远远感应到我的思绪波动。我们出生的时候手牵着手,我希望以后的人生里,我们也能一样,始终手牵手,拥抱未知的世界。

还有一件事,我要和你说。你说妈妈常常会站在阳台上目送着我的背影离开,我真的十分惊讶。因为每次你离开家去外地比赛的时候,妈妈也会站在阳台那里,看着你坐上爸爸的车子,看着车子远去,直到很远很远。我没有想到她也会用同样的目光看着我,我一直以为在爸爸和妈妈心里，最放心不下的人，其实是你。

爸爸和妈妈都爱我们，也许爱的天平偶尔会倾斜于我们其中的一方，但你要相信，他们给我们的爱，是同量等值的。

苗禾禾很久才回我一个信息，"都已经过去了，你告诉我这些已经没有意义。"

但是姐姐你知道吗，并蒂莲又称为同心芙蓉，一株并蒂莲失去其中一朵花，它就失去了活力，也失去了灿烂。这二十年来，我们是一对失败的姐妹，但是从今以后，我希望和你亲密无间，心无芥蒂。

苗禾禾，我是苗谷谷，我等着你愿意和我情同手足的那一天。

简 单 爱

洛丽塔的小洋装

虫　子

1

　　我不喜欢苏琪琪,不光是因为她是我见过长得最好看的女生,更重要的是她有着优越的家世和高不可攀的成绩,仿佛她成了老天的宠儿,所有的优点集聚一身。

　　可是这样优秀的她却戏剧地成为我的同桌。

　　那个时候班级里流行互帮互助制,也就是成绩好的同学帮助差学生补习功课。我想,老班之所以会把一直稳居年级前三的苏琪琪调到我身边,一定是对我那始终倒数的分数深恶痛绝。

　　爸爸说,期中考试每门成绩上80分,就给我买洛丽塔的小洋装。

要知道我只是生活在一个普通家庭,去年妈妈下岗,爸爸也仅在一家简陋的公司里当个文员,工资少得仅够维持生计,可他却硬着头皮将一向成绩平平的我塞进了重点高中。这里的花费自然要比一般中学高很多,所以洋装什么的,对于我来说,都是浮云。

而本就不出色的我在人才济济的校园内更加黯淡了,面对这样的我,爸爸也是无可奈何。一天,当他接到老班打来的电话时,灰败的眸子里散发出星辉,点点放大。那个电话的内容,主要是苏琪琪成了我的同桌。爸爸一下子犹如看见了救命稻草一般,便提出上面的条件。

2

今年的我十五岁,和所有处在花季年龄的女孩儿一样,都有着一个公主梦,穿着漂亮的小洋装出现在大众的视线里,就像苏琪琪一样。

此时的她,穿着紫色的泡泡连衣裙正在给我复习上节课老师讲述的重点,烫得卷曲的头发慵懒地耷在胸前,在水晶发卡的装饰下,熠熠生辉。可能我看得太过入迷,苏琪琪那张白皙的漂亮脸蛋在魔术师的魔杖下轻轻一挥就换成了自己熟悉的脸孔。我幻想成我穿上苏琪琪的衣服,坐在教室里给别人讲解难题。

终有一天,我一定会穿上洋装,优雅得像个高贵的公主！我默默地在心里告诉自己。

　　但是老天似乎并没有眷恋我的意思。期中考的试卷纷飞而来，苏琪琪再一次拔得头筹，而我偏偏功亏一篑，只有语文一门离目标差了点儿，考了77分。我把试卷从头到尾检查了一遍，希望老师有批错的地方，可是，没有！我又把分数加了一遍，还是，没有！垂头丧气之际，苏琪琪提出了一个建议，"你的作文扣了7分，把7改成2，还是蛮容易的，这样下来，成绩刚好82分。"

　　我觉得办法可行，二话没说拿起红笔沿着老师的笔迹临摹，对着近似看不出动了手脚的试卷，我第一次跟苏琪琪说了声，"谢谢！"她有丝惊诧，但很快，笑了起来。

　　那天，云淡风轻。我壮着胆子将试卷递给了爸爸，一阵无声后，我看见他偏黑的脸上露出久违的笑脸，我知道我的伎俩蒙混过关了，心情也由先前的忐忑变得轻松，抬头仰望窗外的天空，远处的白云开始浮现出苏琪琪的笑脸，那一刻我觉得自己应该感激她。

　　可命运从来都是为别人开一扇窗，又瞬间将这扇窗关闭。爸爸打给班主任的电话只是想表达一下欣喜的心情，还有感谢老师让好学生苏琪琪成为自己女儿的同桌，却没想到事情的真相浮出水面。

　　"小闲，真是很可惜啊，语文考了77分，不然成绩能排到班级前15名呢！"

　　那天之后是怎样的场景，我不记得了，只记得当我说出这一切是苏琪琪教我做的,爸爸恨铁不成钢般的失望。

"苏琪琪是一个成绩优秀的学生,怎么可能会做出这种事情,一定是你想裙子想疯了,涂改试卷的。"

"小小年纪,不仅撒谎,还推卸责任,莫小闲,你想要的衣服,我是绝对不会给你买的!"爸爸说完,就走进卧室,丢下我站在客厅里对着墙壁面壁思过。

3

这一定是苏琪琪事先设计好的,让我撒谎并被爸爸识破,因此我开始讨厌苏琪琪。连平日里她给我讲解难懂的题目,都不予理睬,一个人抓耳挠腮地写写画画,完全无视待在我身后的她。

不知不觉,过了一个星期,当我都快忘了还有一个名叫苏琪琪的女孩儿坐同桌时,是她一如夺目的钻石,穿着亮白的蕾丝裙,闯入我的视线。

"这周五是我的生日,我想邀请全班同学去金帝大厦吃饭,希望大家都能来,好吗?"

话音刚落,大家议论纷纷,内容无非是羡慕、嫉妒之类的。苏琪琪站在讲台上,如高贵的孔雀,笑得就像她左耳边别着的那朵金灿灿的向日葵发饰。我有些鄙夷地趴在桌子上,百无聊赖地转着手中的圆珠笔。

"小闲一定要来哦,因为你是我最重要的朋友!"苏琪琪说话的时候，清亮的眸子直直地看向我，散发出坚定的光芒，似乎那目光有种魔力，会让你轻而易举地相信她所说的话。

我是徒步走到金帝大厦的，由于地处繁华，我否决了打车这一奢侈的行为，加上下班放学的高峰期，公交等得也是相当闹心，最终做了徒步行走这个决定。

其实，原本苏琪琪是叫我和她一起乘坐她爸的车，但当我看见那是辆线条流畅车厢宽敞的轿车后，就拒绝了。

"你一个人走路过来要到啥时候，别的同学不是父母送去，就是打车走了。"

我忽然有些恼怒，狠狠地甩开她的手臂，冷冷地回应着，"当然，我也可以选择不去！"

苏琪琪被我弄得没有办法，只能坐着老爸的香车先行离去。

等我到的时候，已近正午，奇怪的是，整个宴席还没开始。苏琪琪一眼看见门口的我立刻扑了上来，热情地挽着我的胳膊，笑眯眯地说，"你来晚了，大家都在等你呢！"她好像并不生气，拉着我走向餐桌的上座，坐在她爸爸的身边，我有丝窘迫，站了起来，苏琪琪却拍了拍我的肩膀，示意我坐下。

今天的她穿了件粉色的公主裙，带了同样粉嘟嘟的蝴蝶发箍，像个甜美可爱的精灵，不停地在席间穿梭，举止优雅。

有的人一出生注定是公主，有的人虽然历经千辛但还只是个灰姑娘，这其中的差距并不是靠一件洋装可以弥补的。

我意识到这个的时候，一声尖叫吸引了在场所有人的注意，大家迅速跑了过去，围了起来。

"那是什么，蜘蛛侠吗？"

"好酷哦，这可是十二楼的高层！"

……

我的个子比较矮小，穿过重重阻碍后，也被眼前的景象惊住。

宴席安排在金帝大厦的十二楼，对面是玻璃墙，透过玻璃可以看到整个城市的风景，还有那个让大家惊讶的男人。此时正值深秋，风儿萧瑟，凛冽又很张扬，整根绳索被吹得摇摇晃晃，他却不为所惧，继续吊着威亚擦拭落地窗户。而就在这个时候，有人失声喊道："莫小闲的爸爸！"

我不停地拍打着窗户，呼唤着。窗外的爸爸显然听到了我的声音同样吃惊地看着我，第一次我感到从未有过的羞愧，低头的间隙，余光瞟到不远处苏琪琪的父亲，他西装革履地坐在上座，眼睛迷离地看向这边，对着我微笑，而我的父亲竟然堂而皇之地出现在大众视野里，顶着冷风，冒着生命危险，艰难地擦拭窗户。

整个过程，所有人的议论像被磁场干扰，停顿了一下,再次以更大的声音开始了新一轮的讨论中。

"莫小闲的爸爸不是坐办公室吗?"

"什么时候改行蜘蛛侠了?"

"难道她在撒谎?"

……

这场生日会上,我就像一个跳梁小丑,被人扒光了衣服,表演一个名叫"万箭穿心"的节目,最终遍体鳞伤,只能提前谢幕。

4

意识到这又是苏琪琪设下的圈套,我一边咒骂自己,一边惶恐地从酒店逃出。

为什么这么傻,每次都会上当!

我假装没有听见苏琪琪的呼唤,在空荡的大街上乱逛,被冻得发抖,最终发现无处可去的时候,回了家。此时已值深夜,爸爸一个人坐在沙发上不停地抽烟。

望着灯光下的他,越发的老态,心里开始难受。可是这种感觉被骄傲的自尊打败,我几乎是怒气冲冲地跑到他面前,质问道:"你不是在办公室上班吗?"

他有些尴尬,连吸了几口烟,才缓缓开口,"你也知道公司很小,裁员很频繁的……"突然他看着我,嘴角张开大大的弧度,"其实你看,这份工作也很不错,最近蜘蛛侠很火，许多人都在模仿蜘蛛侠，我不用模仿就已经是了，很威武呢！"说完，还将右手的中指和食指并拢在额前一挥，摆了一个很帅气的POSE。

我没来由得哭了，哭得很伤心。连待在一边的爸爸也不知如何是好，慌乱地拿过茶几上的抽纸巾，递了过来，"小闲，不哭，都怪爸爸不好，等这个月开工资了，爸爸给你买你喜欢的小洋装……"

我一把打翻他递过来的纸巾，愤愤地说，"我不要小洋装，我也不要一个蜘蛛侠爸爸！"

刚说完这些我就后悔了，我甚至不敢抬头看他的表情，只是看着日光灯下他的身影有丝轻微地晃动。

5

有些伤害是指甲，减掉了还会生长，无关痛痒；有些伤害是牙齿，碰掉了会有个伤口，太过疼痛以致无法弥补。

我想苏琪琪给我的伤害就是后者。

第二天，我来到教室，刚进门口，就看见迎上来的她深情地望向我，波光粼粼。

"小闲，对不起，我昨天并不知道……"

就在她继续述说的时候，我已经错过她，来到座位上，收拾书包，准备上课。

一天中，苏琪琪就像个幽灵一般无时无刻出现在我的面前，想要表达她的歉意，而我总是很适时地漠然离去，连她利用课间操的间隙在我的抽屉里塞了封道歉信，也不留情地当她面揉成一团给扔进垃圾桶里。顿时她泪如雨下，趴在课桌上的两个小肩膀不停在抖动。突然，我有了一瞬间报复的快感。

中午放学，苏琪琪继续趴在课桌上，梨花带雨。我没有理睬她，一个人去了食堂打饭。

吃饭时，食堂悬挂的电视机播放着十二点档的午间新闻：是一起意外事故，一个清洁工人不幸从楼上摔了下来，事件发生的地点正是爸爸所在的金帝大厦。我犹如五雷轰顶，刚把送往嘴里的筷子放下就急忙冲了出去，来到食堂门口的时候，正好撞到迎面而来的苏琪琪，她的眼睛红肿，显然是哭了太长时间的缘故。

她见我慌乱的神情，抽噎着询问道："小闲，怎么了？"

"逃课！"丢下两个字，我便准备往学校大门跑去，却被她一把拦住。

"你忘了今天是公开课，下午市领导还要来我们班听课呢！"

苏琪琪这一提醒，我才想起上午老班还屡屡告诫我们，下午上课的时候一定要遵守课堂纪律，不能迟到早退。

可是刚才的新闻……算了，大不了被退学，反正我在这个重点高中也是浪费金钱。我甩开苏琪琪拉着我的胳膊，继续前行。

来到事故发生地点后，这里已经被围得水泄不通。发现那个人不是爸爸后，我才暗暗松了口气。这时苏琪琪从天而降，拉着我挤出人群，指着马路对面等待绿灯通行的行人，说，"小闲，那个人长得很像叔叔！"

是爸爸，没错！他拿着一个包装精美的袋子和我在宽阔的马路上遥望彼此。

"对不起，害你担心了，"爸爸像个犯错的大男孩儿一样低着头，"其实，我是想给你一个惊喜的。"说着，就将礼品袋递了过来，那是一条洛丽塔的小洋装，可是此时的我根本无暇打量衣服，看着眼前完好健康的爸爸，张开双手用力拥抱着。

迫于那个伤者是爸爸的同事，一时间没有联系到他的家人，爸爸便自告奋勇地跟着120过去。临走前，知道苏琪琪就是我的同桌后，爸爸还表扬她一翻，并拜托她在学习上照顾我，苏琪琪被夸得不好意思，脸涨红涨红的。

回来的路上，瞥见苏琪琪红扑扑的脸蛋，没好气地说，"我逃课，你跟出来，干什么？"

"偏偏还是这么重要的日子！"说出这句话的时候，我的底气明显不足。

"难道你可以逃课，我就不可以吗？"

"可是这和你跟出来有什么联系？"我问。

时间停滞了几秒，直到一个犹如蚊蝇的声音发出，"因为，我担心你！"

不知怎的，我觉得像是听到世上最好笑的笑话，笑了起来，苏琪琪却一脸着急。

"你当时的样子很急，知道公开课还要逃课，我想一定是有很重要的事情，到了现场，才知道这里出事了。"

我的表情一下严肃起来，"为什么？"

"我那样对你，你还……"

苏琪琪脸上的红晕还没有散去，脸部再次聚集更多的红细胞，就像熟透的红苹果。

"因为你是我最重要的朋友！"

这句话仿佛一道咒语打通了我的七经八脉，令人神清气爽，连后来老班盛怒的样子也觉得和蔼可亲。不过幸运的是，那天市领导们没来，教学公开课被改在下周，因此，我和苏琪琪也仅仅被罚各写了一份检查，不过苏琪琪外加打扫一个月的教室卫生。

缘由还得归于苏琪琪主动揽下逃课主导者的罪名，她提议逃课的。她说如果不这样撒谎，老班一定会把她从我身边调开的。

她还向我道歉，"自从上次生日会，我无意中刺伤你的自尊觉得很抱歉，你是个敏感的女孩子，我想要的只是，更好的保护你。"

6

后来的一个月里,傍晚的余晖中,总是能看见两个女孩儿在教室里打扫卫生的身影。当我提出留下来帮忙打扫的时候,苏琪琪难以置信。

"为什么?"

我笑而不语。

是谁说的那句,"因为你是我最重要的朋友!"

简 单 爱

叶佳琪

1

晚上，我正在写数学试卷，就接到了你的电话。

隔着电磁波，你的声音小小的，仿佛有些不好意思地说："刚刚学了那首歌，我唱给你听吧。"

话音刚落，你便自顾自地唱了起来，音色却有些隐隐的颤。

说不上为什么，我变得很主动。

若爱上一个人，什么都会值得去做。

我想大声宣布，对你依依不舍，连隔壁邻居都猜到我现在的感受。

河边的风，在吹着头发飘动，牵着你的手，一阵莫名感动。

……

我一边拿着电话一边在试卷上写写画画，你年轻的声音还在耳边传来，我的脑海却是一片空白。

——我喜欢你，我们在一起好不好？

待我回过神，你的这句话便传入耳中。

紧张，雀跃，不知所措的我在电话的另一端怔了半晌。

——我是认真的！

见我半天不说话，你更加不安了，依旧压低了声音小心翼翼地问——你在听吗？

大脑还是轰隆隆地响，无法思考分毫。

半晌，我窘迫地握着电话，用力地点了点头，突然意识到你看不见我的这个动作，赶紧解释——我在点头。

似乎是重重地松了一口气，电话那端传来一阵很重的呼吸声，你放心地说——嗯，那……明天见。

夏天的风凉凉的特别舒服，从窗户里吹过来温柔地罩着我的脸颊。

"想……简简单单……爱……我爱你……你爱我……"

我忍不住哼了一晚上这首歌，在那个高兴到失眠的夜晚里。

2

物理课,老师点我起来回答问题。

还有半个学期就要文理分科了,铁定了要学文的我干脆破罐子破摔,直接放弃了理化生,只要一到这些课,便自觉地进行自己的文学创作。

于是此刻我涨红着脸起身,不敢抬头看老师的表情。

物理老师满意地点起你的名字。

和我相反,理化生可是你的强项,通常,老师只会在结束提问的时候才会点你的名字,因为那意味着他想直接获取正确答案。

可是这一次,你起立之后竟然支支吾吾,沉默不答。

老师一脸惊讶,一连问了三遍:"这道题你不会?"

你装作愧疚地对老师做出一个略带夸张的耸肩动作。

全班顿时哄堂大笑,原本答不出问题在原地尴尬的我,迅速淡出大家视线,他们都开始笑起你来。

在你这样明显的示好下,大家很快发现了我们之间的不正常:"你们有没有发现,每次叶佳琪回答不出来的问题,周衍一定也回答不出来……"

终于有一次你送我回家的画面被偶遇的同学拍了下来,并八卦地发在了班群里,我们的恋情正式曝光。

照片里的你比我高出了整整一个头,拥挤的人群里,你偷偷牵起了我的手,装作淡定地一言不发。

"我想就这样牵着你的手不放开,爱可不可以简简单单没有伤害。"

那是十六岁的你和我——最好的我们。我偷偷地把那张照片洗了出来,夹在英语课本的最后一页。

3

高二,我们一个学文,一个学理,教室隔了一栋教学楼。

正式分科后,大家明显对学习都更加认真了,随着学业的加重,我们见面的时间也随之减少,不过好在唯一不变的是,每天放学依旧一起回家。

那天我在教室等了很久,把历史作业写完了也没看见你的身影。

你的教室在后面一栋楼的五楼第一个,我气喘吁吁地找到你的教室,却在门口看见你和前桌的女生谈笑风生。教室里还有很多同学,三三两两地在讨论着什么,但只有你们两个,笑得最开心。

好一个春风得意。

你不经意地侧过头,看见了窗台前的我,和她说了句什么,起身朝教室外走过来。

我却在你抬头的那一瞬间，转身而逃。

——我再也不会等你了。

——我也不想理你了。打死我都不理你。

不止如此，接下来的几天，我拒绝和你说话，把你的电话拉进了黑名单，放学后第一个冲出教室不给你找到我的机会，甚至你来教室找我，也铁了心不出去见你。

终于，一天放学后你堵住了我，"好啦，那天班主任拖课让我们分小组讨论题目，我也没想到会让你等那么久嘛。"你对我露出谄媚的微笑，竟然完全不知道我生气的原因。

"不是这个！算了，你去和她说话吧！我看你挺开心的！"我更加生气了。

"什么吗？"你一脸迷惑，不解地看着我。

我懒得理你，自顾自地往前走。

像是反应过来什么，你快步跑到我面前拦住我，极力解释道："你生气不是因为我放学太迟没告诉你？"又恍然大悟似的拍拍自己脑袋："哎呀，她是我后桌，所以就分到了一个组，我们讨论的都是学习！"

看着你不知悔改还理直气壮的表情我怒火中烧，冷冷地说："我不管，反正你以后就是不许和她说话了。"

其实现在想想，那些明明都是并不重要的事情，可年少轻狂如你我，谁也不愿做出妥协和退步。

你突然阴沉着脸，扔下一句："你简直不可理喻！"

那时天色已经渐渐暗下来,灰蒙蒙的,像极了我的心情。

4

我们僵持了五天,我每天机械地背书,写作业,想把自己沉浸在学习的世界里,因为只要脑袋一闲下来,脑海中就会浮现出你的脸庞。

那天课外活动,教室里有人喊:"叶佳琪,有人找。"

我一边纳闷是谁一边走出教室,就看见了一个女生拿着笔记本在等我。

正是那个和你谈笑风生的女生。

"你是叶佳琪吧?周衍让我把这个本子转交给你。"女生露出好看的热情的笑容。

我的表情则是僵僵的,接过笔记本时女生用一只手做喇叭状,轻声道:"我们班女生一致认为,周衍真的对你太好了!好好把握哦。"

算是示好吗?

我别扭地翻开笔记本,里面密密麻麻的全是你手写的数学笔记,每一道例题的答案都解析得很详细,还归纳出了不少条易错点,除此之外,你也自己出了不少题目。

最后一页是你熟悉的字迹——

期末考试快到了，问别人借了你们文科的数学教材为你特别定制了一份周氏"葵花宝典"，例题我会定时批改，所以要认真做哦。

另外，等会儿放学操场等我吧？给我一个向首长道歉的机会可好？

我没忍住，"扑哧"笑出了声。

那天是2013年，高二下学期，初夏的空气中还夹杂着青草香味，放学后的操场只有体育特长生还在一圈又一圈地跑步。

我低着头跟在你身后一言不发，我们就这样沉默地走了好几个圈，你忽然停下来，转过身，轻轻地抱住了我。

5

高三比想象来得还要快。

即使过去了这么久，每每回想起那段时光，还是会觉得热泪盈眶。教室里贴上了"不苦不累，高三无味，不拼不搏，高三白活"这样打鸡血的标语，每个人都在争分夺秒，恨不得一天二十四小时全部用来学习。

像我这样成绩平平的同学都开始奋起直追，更别提你那样的尖子生。

由于学校增加了晚自习，为了节省时间，我们不再相约回家，都选择在食堂草草吃完饭好赶紧回教室学习。

我们选择了书信往来,每次月考结束,我们都会互换书信。

你说我们都应该全身心地投入备考,一起进入更好的大学,才能给对方一个更好的未来。

你说我们可以定时给对方汇报学习成绩情况,相互督促,好成为彼此的动力。

你说别人这么早谈恋爱是耽误学习,我们偏不,我们一定要成为学生时代恋爱的榜样。

你还说以后就用我们的信来教育我们的儿子,让他懂得该在什么时候做什么事情。

那段炼狱般的日子,因为有你的鼓励和督促,因为想要和你考到一起去的强大动力,我竟然一点儿也不觉得累。

因为只要一想到这个世界上,还有一个人因为我,也在努力奔跑着,不知不觉就加快了步伐。

6

后来呢?

你如家人的愿去了北京的一所军校,平日里笑起来还有些吊儿郎当的你竟然成为一名兵哥哥。

我虽然考出了有史以来最好的成绩,但还是阴差阳错去了南昌。

九月，我们终于到了分别的时刻。

"他们都说异地恋不靠谱，我才不信。"

"我也是！"

你用力地握了握我的手，信誓旦旦地说。

开学两个星期后，我就收到了你寄来的照片，从你黑得发亮的古铜色脸庞就可以看出军校的训练有多苦，照片里的你笑得很害羞，乍一看竟有点儿像古天乐。

由于只有星期天才允许用手机，所以按理说只能一个星期和我视频一次，但怕我不开心，你也开始学会了钻空子，拼命利用空闲的时间躲在厕所里和我视频。

开学一个月后，军训结束，我迎来了真正的大学生活。我加入了学生会和辩论队，每天在社团和课堂间忙得昏天黑地，直到第一次上台打赢了辩论赛，想把这个消息和你分享时才意识到——你已经连续三四天没消息了。

分手是我提的。

过了好几天你才有反应，电话那端的你声音有些无力，不知道是不是错觉，你竟然带着点儿哭腔："不分手好不好？我们不是说好永远在一起的吗？"

我沉默。

空气凝固了几分钟后，你竟然哭了起来，这次我可以确定了，因为你发出了"嗡嗡"的呜咽声。

高二有一段时间，你因为打篮球摔断了腿，躺在校医院的病床上，你痛得全身颤抖，我劝你："要是太痛了，你就哭出来吧。"

你依旧一声不吭,咬着牙挺了过来。

可这次,你竟然哭得像个孩子,吓得我再也不敢提"分手"两个字。

7

再一次打破平静是我收到你室友自称"发错了"的短信。

原来你那段时间由于高强度训练身体出了问题,加上水土不服,住了近一个月的院。

而你那个远在南昌的女朋友却毫不知情,还依旧要求你每天都要保持联系,甚至以分手要挟。

视频里,我装作漫不经心地试探你:"最近身体没累坏吧?"

另一端的你对着视频夸张地用手锤自己的胸脯:"结实着呢!你看!"

不知道为什么,明明你在咧着嘴对我笑,我却鼻子有些酸酸的。

再后来我们视频的频率开始渐渐减少。

每天我被上课作业和社团活动忙得没有时间吃饭,你的训练任务也愈来愈重。

"今晚要赶明天上课用的课件,估计得通宵了,晚安。"

"最近训练强度加大了,我这段时间可能没时间看手机,你照顾好自己。"

"今天和学生会的小伙伴们出去郊游了,爬了一天山,早点儿睡。"

……

到最后,连发短信的频率也越来越少。

我们默契得没有再说过任何分开的话题,也默契地为彼此向往的未来各自奋斗着。

最后一次通话,是我打过去的,原本踌躇了很久,但接通了之后竟然心里松了一口气:"学校有个去台湾做一年交换生的项目,准备派我去。"

"那很好啊,你不是一直想去那边看看吗?"

"嗯……大概下个星期就走。"

"恭喜你,记得好好照顾自己啊。"

"嗯,你也是,要加油。"

"嗯,加油。"

我们就这样笑着祝福对方然后挂断了电话,甚至还不忘说"以后有空常联系"——像个多年的老朋友。

……

我们说好要一起加油考上同一所大学。

我们说好要成为所有早恋学生的优秀榜样。

我们说好要一起去看周杰伦的演唱会。

……

但是现在,我终于知道,那些当初的誓言是真的,一起努力过的时光也是真的,只是现在,我们都长大了,我们都停留在了彼此的十六岁。

我仿佛看见那个唱着《简单爱》的十六岁的你,和站在你身后偷偷捂着嘴笑的我,他们挥着手,对我轻轻说了声,再见呀。

泰安,我是你的风雪夜归人

李阿宅

这是一封写给十六岁那年,站在泰安脚下的宿舍里看着爸爸离开的背影默默流泪的那个女孩儿的一封信。

至今,我都不知道你当时为何流泪,为离别的不舍?还是因为对于未来的迷惘,我想应该都有吧,所以你才会坐在那个五楼的宿舍阳台哭得汹涌澎湃,甚至引来对面男生宿舍的围观。

那是北方的九月,天气依旧炎热,舅爷爷开着车,你跟爸爸沉默不语地看着窗外陌生的风景,凹凸不平的道路,脏乱的城市街道,随处可见的旅游宣传,以及被这一切衬托得黯然失色的楼宇,或许是你当时心情的缘故,泰安对你展示的第一个镜头差极了。当时的你刚刚经历一场失败的中考,你为这个失败付出的代价,就是十六岁开始了独自异乡求学的生活。报名结束后,你们三个人坐在一家东北菜馆门口的小桌子上吃饭,身家丰厚的舅爷爷为了给爸爸省点儿钱,只点了一份大肠炖豆腐,就着烧饼的那顿饭在人来人往中让你吃得五味杂陈。也是长到十六岁,你那极为敏感的自尊心第一次被深深刺痛。我记得你坐在那个有些脱线的马扎上,看着路上络绎不绝刚从泰安上下来的游客暗自发誓,一定要好好学习,将来重新带爸爸回来吃一顿体面的大餐。当时的你又黑又瘦,是真的丑,可你也不知道哪里得到的自信,穿着几十块钱从四海商场里买来的廉价衣服招摇地穿梭在各个社团角落里,以至于现在的我想起你神采飞扬的模样,都恨不得找个地缝钻进去。

学校广播站海选,你像个丑小鸭一样挤在一群好看的姑娘中间。你穿了一件蓝色的上衣,马尾一甩一甩就上台了,你从小的理想就是成为一名主持人,所以这样的机会你比现场其他人更渴望获得。一轮结束后学长上台问有谁觉得没有发挥好可以上台重新读一遍,学长的声音还没有落下,你"嗖"的一下就跑到了讲台上,学长哭笑不得地看着你说,你可以了,不用重新来了。你不停地揣测这句话的含义,是选上了还是没有选上呢,根本也不在乎现场的哄笑声。毕业的时候,包子小姐回忆起这个画面,说被你的倔强和认真感动了的时候,你才知道,原来这个微不足道的场景竟然给那么多人留下了深刻的印象。

你知道吗,虽然我不喜欢你,可是二十三岁的我却又是那么羡慕活得那么热烈的你。你拿着一摞从学长那里批发来的电话卡挨着新生宿舍推销，口干舌燥地介绍半天，也不过一张卡获得五块钱的利润而已。那是一座被外界称为贵族学校的地方，所有的同学非富即贵，你的行为简直是刷新了他们的世界观，可十六岁时的你迟钝得丝毫感受不到这些，抱着用自己挣来的钱从书店买来的书看得津津有味。

有段时间你真的是穷疯了，开始在QQ空间做微商。那时候还没有微商这个概念，甚至淘宝都没有现在这么普及，你在淘宝找来很多好看又便宜的衣服图片发在空间相册里，冒着杀熟被拉黑、被绝交的风险刷广告，开始你担心同学们会鄙视、会拉黑、会不屑与你为伍，可你一直都是一个为了向前走什么都敢尝试的姑娘。

我一直在想，你是从什么时候开始不快乐的呢？过去发生了这么多事情，我已经无法一一分辨出究竟是从哪件事开始你开始变得自卑敏感甚至自暴自弃。泰安这座城市像是一枚放大镜，把你所有的不堪和美好都扩大了那么多倍，可之后的几年里，你总是忽略那些也足够耀眼的美好，紧紧揪着那些不堪不松手。成长真是一件太过于残忍的事情，如果可以，我多么想让你一直留在十六岁之前啊！也是因为这样，你对泰安总有种难以明说的情感，就像你开始辨不清那些影子摇晃的故人的面貌，你和泰安这座承载了你那么多厚重情感的城市也在逐渐失联。

总有人问你:"什么时候回泰安啊?"

"有时间回泰安一起去金桥吃章鱼小丸子啊?"可是你知道自己配上不这个"回"字,因为你对这座城市并非爱得那么热烈。

你总觉得泰安像是一座囚牢,将你紧紧困住,于是毕了业你就毫无留恋地挣脱离开。离开泰安的这些年你去过很多地方,在高原上看过最纯净的落日,也淋过江南让人愁断心肠的梅雨,可不论你每年多少次路过泰安站,你都没有再为这座城市驻足停留过。其实济南到泰安的距离很近,即使坐绿皮火车也能在一个小时内抵达,但你却在心底有意识地排斥和这里有关的一切。甚至是后来关系亲密的朋友,你都没有告诉过他们,你曾经在这里待过那么漫长的三年,虽然这三年像是一场从谷底爬回悬崖边上的救赎,甚至这三年改变了你的人生道路,可你从来不敢说。好像稍微一开口,那些隐藏在虚荣之下的遗憾与自卑就会轻飘飘地飞了出来。

当拨开回忆上面被往事覆盖的那层尘土,客观来看这座城市的时候,泰安是迷人的。

这座城市所有的名望都仰仗于那座巍峨的山脉。历代君王在此举行封禅大典,因此也为这座城市留下了许许多多殿阁辉煌的庙宇建筑群。以岱庙为中轴线,往北是泰山,南侧是岱宗坊,从飞机上俯瞰这座城市,它像极了一幅琼台楼阁的丹青画卷,可你爱的是隐藏在这些庄重与威严之间冒着热气的市井小城。

　　那些不快乐在你心里堆积成山的时候，你开始写长长的文字，开始在笔记本上写，后来无意间遇见一拨被称为"网络写手"的朋友，于是有一枚叫作作家的种子开始在你的心里萌芽。周末的时候，你总是泡在文化城的地下一层，它不像其他城市的书店那样整洁明亮，相反它拥挤杂乱，可你爱极了这种感觉。你告诉身边的同学，总有一天你的文字也会被印成铅字出现在他们藏在课桌里的那些杂志上，但没有一个人相信你。你多希望能够在结账的时候，指着手里面的某一本骄傲地告诉老板说，这里面有我写的哦。可是直到毕业，你都没有机会把这句话说出来。为了生活与梦想，你曾经遭受过多少冷眼与嘲笑，往后的你就活得有多么的用力。

　　一中旁边有一家特别好吃的砂锅店，周末的时候朋友总爱带你去吃。一碗排骨砂锅，再要上一个烧饼，咬一口，所有的烦恼都顺着热腾腾的蒸汽挥发。

　　生意不多的时候，老板总是抱着一本军事杂志在看。戴着金项链的染着红色头发的老板娘总是骂老板窝囊，他们总是在不停地吵架。有一次，老板娘摔下手里的东西丢下一句"离婚吧"就扭头离开。但老板每次只是笑笑，不辩解也不挽留。后来这家店换了老板，听说以前的老板生了一场很严重的病，而老板娘变卖了家里所有值钱的东西，陪他去北京治病。吵吵闹闹，却又不离不弃，这是市井里的爱情，让你后来每每想起来都会觉得温暖。

食物是最能够治愈忧愁的，同样，关于食物的记忆也是最为深刻的。

不论四季，泰安街头摆满了糖炒栗子的摊位，走在马路上处处能闻见栗子的香气。和机器炒制不一样，泰安街头的糖炒栗子都是用最原始的人工炒制，一辆三轮车，一口大铁锅，老师傅挥着大铁锹用力翻炒着锅里的栗子。栗子也是泰山周围山脉上采摘下来的，皮薄柔糯。泰安冬天下雪的夜晚你总是和喜欢的人牵着手穿过万籁俱寂的长街去买上十块钱的栗子，然后边走边吃。有时候吃到一半就走到了东岳大街的那个民谣酒吧，那时候的你太胆小，碍于学校的规定连果啤都不敢尝一口，于是就在门口坐一会儿，靠着旁边人的肩膀跟着里面的吉他声一起合唱。后来你依旧热爱民谣，跑到很多地方看过民谣演出，也能够一目了然地分辨出不同鸡尾酒的区别，但当时陪在你身边吃砂锅买糖炒栗子的男孩儿却再也没有了踪影。

即使你不承认，可真的再也没有一座城市能够比得上泰安承受你这么多的爱恨得失。泰安作为你短暂停留的城市，那里有你太过孤独而不愿意回忆的青春期，也有文艺女青年道路的开启。我总是试着站在你的角度去思考，你脑海里的泰安是什么样呢？它是科山路附近的那些文艺小店，是已经拆迁了的四海商场里面眼花缭乱的便宜衣服，是温州步行街夜市，还是那个你失恋后疯狂奔跑的塑胶足球场？你还记得学校旁边的晚市上的鲜花与土豆、茄子摆在一起，然后被一个烫发文眉穿皮靴的中年主妇一起买吗？当年你以为自己也会过上如此的生活，可如今我想残忍地告诉当年的你，你并没有。

泰安，一个时刻都准备不告而别的城市。一个花样翻新却漏洞百出的城市，一个十六岁时的你，永远也回不去的城市。

亲爱的十六岁的少女，所有的记忆都枯萎，只有这座被你丢弃的城市替你完好无损地保留了你青春时候的模样。

有你才算楚天阔

林宵引

1

沈九收拾屋子,看见一张很旧的车票,没有戳印,没有使用的印记。

为什么揣着这样一张远程车票,却没有走呢?

沈九坐在沙发上想了好久,终于回忆出了个大概。

2

每逢春夏之交,小镇的雨水总是丰沛。

沈记早餐的青瓦屋檐忽然淅沥作响,急促的雨淌在桌面,客人纷纷挤入店内,扫兴地抖落身上的水珠。

沈九刚端了碗筷进来，余光瞥见门口还有人在雨中坐着。是一个很单薄的男生，正一脸认真地剥鸡蛋，却被烫得直往手指头上呼气。

沈九失笑，径直走到男生面前，抄起对方的水煮蛋，往店内走。

男生沉默地跟在后头，掸了掸脑袋上的水珠，也进了店。

沈九把碗放下，二话不说替他剥蛋。烫是烫，但于他小菜一碟。片刻后，沈九发红的指尖捏着白嫩的鸡蛋，随手丢进男生的碗里，起身要走。

"哎，等会儿！"男生喊住他，利落地用筷子把水煮蛋断成两半，夹起一半伸向沈九："一人一半"。

并不是所有人，在早饭时都有一颗老妈煮的鸡蛋。沈九眨眨眼，把嘴伸向了对方递来的筷子。蘸了拌粉的酱汁，鸡蛋又煮得正是火候。忙了一整个清早，滴水未沾的沈九突然很满足。

"谢谢你啊。"沈九用指节抹了抹嘴角，男生见状，笑得漾了梨涡。

"没事儿。我叫林州，九州的州，你呢？"

"沈九。九州的九。"

"那以后就叫你九哥了。"

3

　　沈记早餐是附近生意最好的一家,地势优越,不少人想盘下这家店面。

　　所以大家都不明白,沈家夫妇为什么把店面给了沈九的姑姑,双双离开小镇,去他乡谋生,留下沈九这个乖巧懂事、成绩优秀的大儿子独自在老家。

　　但沈九清楚得很,都是源于他的疏忽。

　　沈九有个弟弟,沈六。沈六小时候老爱跑出去瞎玩,父母在外面忙,就让沈九看着沈六。

　　沈九的年级第一已经高悬了整个学期,他怕自己从高处落下去,自知天赋一般,努力为先,便整天待在家里看书。没曾想,因为他的疏于照料,沈六出了意外。

　　那是一场不算太严重的人祸,沈六腿骨折,在医院住了些时日。休养好了之后,父母便把沈六带在身边,一起去了有些远的城市工作,留沈九一个人在老家。

　　记得当日,母亲的言语十分云淡风轻:"小九,你也知道。虽然你是我们收养的孩子,但爸爸妈妈始终视你如己出。既然你照顾弟弟比较吃力,那不如我和爸爸把他带在身边吧。"

　　大概是认为,自己会给弟弟带来灾难吧。沈九安慰过自己无数次,是大人了,不要失落。要学会自立,学会不动声色,把那些七七八八的情绪彻底藏起来。

所以才常去帮姑姑打理早餐店,所以才更铆足了劲儿保持成绩。不是不会偷偷想念爸妈,对沈六的愧疚也一直萦绕心间。但人世间的事总是如此,哪能都那么圆满呢。

直到他遇见了林州,这个身形单薄的男生,看起来总是缺根筋,对人却无比的真诚。

沈九认识了林州之后,长舒一口气。终于能把对沈六的亏欠,都在他身上弥补完。

4

说实话,自从认识林州,沈九没少替他操心。最炎热的夏天,沈九正在上着体育课,突然一个熟悉的背影就让他分神,很快他从跑步的队列中偷偷溜出来。

沈九比林州高一个脑袋,他从背后慢慢走近靠在名人石雕上的林州,往他肩上一招呼:"干吗呢,不上课啊?"

林州回过神,几乎要溢出的难过让沈九心里一抽:"怎么了?这是要哭啊……"

林州嗓音沉得不行,揽着沈九的肩膀让他在旁边坐下,缓缓开口:"九哥,你有喜欢的女孩儿吗?"

其实沈九没有。从未有过暗恋或者明恋的经历,也没谈过恋爱,倒是不少姑娘给他塞情书送礼物,但礼物都被他辗转送了回去。沈九迟疑了一阵,心想,估计是失恋了。为了安慰他,沈九昧着良心道:"有啊,但是人家看不上我。"

林州低落的情绪稍微振奋一点儿,拉着他衣袖追问:"九哥喜欢上的姑娘肯定不错,什么样儿的?"

"哦,是个学姐,挺好看的,走路目不斜视,活得特别骄傲。我就喜欢她那个傲得不行的模样,让我觉得可以拼尽我最大的努力,为了她燃烧,变成和她一样耀眼的人。"

林州听得一愣一愣的,过了好久才抬起头说:"我喜欢的女孩子很普通,原本以为可以安安稳稳就这么陪她度过青春岁月,可是……"

沈九听见林州突然抑制不住的哭腔,皱眉示意:"什么?"

林州终于忍不住,号啕大哭:"她移情别恋了……"

沈九绞尽脑汁,想不到什么词儿来安慰他,只好本能地回应:"阿州,大不了再找一个呗,这个世界上最不缺的就是人。"

是,这个世界上最不缺的就是人。那么自己的弟弟呢?不知沈六现在是不是也像林州一样,为了女孩子把自己的心思磨得百转千回,为了她辗转反侧?

林州号啕了一阵,摸摸肚子:"哥,我饿了。"沈九让他坐着等会儿,径直去了小卖部,买了一杯热的甜粥,走到了林州身边，突然不远处传来一句怒吼。

"沈九！给我过来！"原来脱离体育课跑步队列被老师发现了。沈九还没作反应，倒是林州被这怒吼吓得一个趔趄，往沈九身上一撞。

刚从小卖部高压锅里打出来的热甜粥就这样全部倒在了沈九手背，一小会儿的毫无反应之后，是被灼伤的疼痛，沈九疼得眼泪都要出来。林州拽着沈九另一只手就往厕所跑，体育老师在背后看得一头雾水。

公共厕所的洗手池只有一个，林州就占着这个水龙头，给沈九不停地冲凉水降温，引来后面许多同学的埋怨："能不能快点儿？哎呀算了，不洗了。"

林州对这些充耳不闻，慌乱地给沈九冲洗手背，嘴里不停地念："哥，对不起啊哥……"

沈九疼得有些发晕，抬起头让日光倾倒在脸上，深吸一口气，心想，不管欠了谁的，现在就当赎罪吧，也是一种人生修行。

5

这种赎罪对于沈九来说，算是计划表上的一个项目，说得难听点，他要是哪天觉得自己做得足够了，完全可以在这一个空格里打上钩，从此，他沈九就能同过往一笔勾销。

沈九答应了邻居，给他们家的孩子做课外辅导，一周两次，赚点生活费，也算是帮遥远的父母减轻负担，让沈六可以成长得更无忧无虑。

下课回来，沈九就着刚买的水往脸上一阵乱抹，满身疲惫仍旧无限蔓延，却在路过林州家小区附近的时候，突然走不动路。

林州立在深夜的巷子里，整条狭长黑暗的巷子只有几台游戏机的屏幕发出色彩斑斓的光，而少年手足无措地被一个醉汉扯住不让走。沈九焦急地走近，看见少年单薄的T恤上都是醉汉的呕吐物。

沈九火力全开，冲过去把林州拉到身边，想赶紧带他离开这里。

林州却死活不愿意走："我答应了隔壁阿姨，帮她看一会儿游戏机……"

沈九说："再这么下去，他的酒瓶子该往你脑袋上砸了！跟我走，要是游戏机被砸了，钱我帮你赔。"

两个人在夜色里飞奔，衣角刮过草丛和行道树的叶子，在风里哗哗作响。沈九脑子里几乎是空白的，只想着快点把林州带离是非之地。林州的嘴角却不动声色地勾出一个微笑，觉得这个荒唐微凉的夜晚竟然生出些许的甜味，有生之年能被信赖的好兄弟拉着逃亡，原来是这样奇妙的感受。

终于抵达一处安全的地域，林州拽着沈九的胳膊，让他停下来:"九哥,你哪来的钱能赔游戏机?"

"我做家教呢。以后碰到这种人,先保护好自己知道吗?命更重要。"沈九眉眼之中的焦急同刚才一模一样。

"好。"林州抿着嘴轻轻地笑了。

林州青涩、莽撞,却热心仗义。沈九虽然看着寡言,但保护林州这件事,不知何时已经成了他的本能。

6

那台被醉汉砸掉的游戏机,沈九替林州赔了。隔壁阿姨也不好意思,只收了他们一部分钱,但沈九家教的劳动成果都付之东流。

林州明白自己欠沈九太多,也去市图书馆做了份兼职,想把钱还给沈九。

林州在木质地板上坐着,一摞摞地整理着书,沈九就抱着英语语法书,在不远处认真读着,两个人一耗往往就是一整天。

林州遇到连奉是在一个雨天的午后。图书馆静得落针可闻,连奉忽然快步走进,膝盖上一边青紫,一边布满血迹,就这么狼狈又急匆匆地躲进图书馆,不由分说地把身子蜷缩在角落,就躲在林州身后,祈求他别出声。

沈九察觉到了不远处的这一幕,静静地看着。

几个来者不善的男生还是很快地锁定了连奉的位置,

拉起她的胳膊就要带走。林州按捺不住了,想挡在她身前。

沈九几乎是条件发射地站起身来,声音清朗坚定:"你们找我女朋友什么事?"

几个男生大概有些意外,倒是一时尴尬,随即又恢复讨债的气场,为首的那人道:"她惹得我女朋友不开心,今天给她点教训。"

沈九走近那几人,扫了一眼,看见其中一人衣服上的校徽,笑出声:"一中的学生也出来混?几年几班的?怕是全班倒数吧!"

"二年三班的啊!我次次月考都是年级前十!"那个呆头愣脑的男生一挺胸脯便脱口而出,被为首的男生往脑袋上招呼过去:"呆子,长点脑子,他套你话呢!"

沈九还是一副毫不畏惧也不退让的模样,就直挺挺地立在那里:"二年三班的啊,你们班主任最忌讳的就是学生乱来吧?你成绩这么好,让你们班主任知道了,他得多失望啊,你想过没?"

对面为数不多的几个人,自己有些乱了阵脚,那个优等生拉着为首的男生道:"哥,我怕回家我爸揍我……要不咱们还是走吧。"

为首的男生恨铁不成钢,甩开手,冲着连奉吼道:"下次别让我碰见你!"图书馆里剩下的自习生也都怕坏事沾身,陆陆续续走光了。

连奉先发话："谢谢你们，我叫连奉。来日有机会，这人情一定还。"

林州正要开口，却被回过头的沈九打断："你可想好了，自己要保护的人，以后都得由你护着。"连奉脸上浮现一丝羞赧，林州则一时语塞。

片刻后，林州点点头。林州的工作尚未结束，沈九找了借口先离开了。

外面的雨几乎落完了，草木泥土的气息混杂着浮在空气中，沈九只手一撑，坐上了走廊的栏杆往外看，深深地吸一口偏冷的风。

林州开始有了想保护的人，未尝不是一件好事，他会成长——沈九这样想。

7

那么自己呢？究竟是出于对弟弟的愧疚，还是真的把林州当成好兄弟？沈九想不明白。

就在他想不明白的时候，一通来自母亲的电话，让他决心将这种甘愿的付出，做一个终结。

父母的生意经营得不错，有能力把沈九接过去，给他更好的生活。最重要的是，电话那头的母亲，带着几分哽咽温柔道："儿子，妈妈想你了。"

亲情这回事，确实很难用三言两语说个明白。有些人对于亲情可能许久不提，可一旦从心里拿出来，那些不舍和思念，都能溢出胸腔。从前的责怪，都能瞬间化作了往世尘烟，随风四散了。

林州正沉浸在和连奉的热恋之中，作为旁观者，沈九明白，连奉对林州的感激多于喜欢。来日两个人若是有裂痕，总要有一个人去承受。

但沈九也清楚，其实自己没什么资格去插手林州的恋爱。沈九是一个早晚要离开小镇的人，如同一个游客一般，闯进林州的生命，或者说是林州强行挤入他的生活。

两个人交集一阵，当其中一个人有了能够替代的精神依赖，这样的交集便可就此切断。

这也就是沈九至今没什么朋友的原因，他害怕与他人的羁绊，本能地排斥。与其早晚要分离，不如趁早做个了断。

8

沈九最后一次与林州碰面，林州还没意识到将近离别。

那一天，林州穿得十分单薄，忽然间下起了雨，像两个人刚认识的时候，淅淅沥沥，不知道是天上什么神祇的一阵心事。

沈九怕他感冒，把外套脱给他，轻描淡写道："阿州，我要离开京水镇了，去和我家里人生活。"

林州裹着他的外套，一时神色有些慌乱，说不出话，只能偏过脸，看雨纷纷。过了老半天，林州才抬起低垂的眉眼，笑着，是祝贺的语气："真好，能和家里人团聚了。"

原本设想的是——旁边的小伙子一把揽着他的肩，用十分不舍的语气再和他胡侃一整天，到了深夜，俩人肩并肩去小摊边撸串。啤酒花溅在手背，玻璃瓶叮当作响，抱着吉他的流浪艺人吟唱着他们最后的相聚。

可事实却是什么都没有。林州话少得反常，临走前握住了沈九的手，手心里藏着什么东西，摩挲着有质感。

沈九心里有着一种难以言说的感受，林州的背影远得看不见了，他才翻起手掌。

是一个小小信封，打开看，里面是林州还给他的游戏机钱。

9

沈九去车站的时候，林州没送他。但林州托了一道出行的同学，把外套还给他。

外套洗得一尘不染，沈九穿在身上，极淡的洗衣粉香气。凉风忽起，沈九裹紧了外套，拖着行李箱去安检处排队。

他习惯性地先在外套口袋里掏身份证，却先摸到一张纸条。林州这小子竟然写得一手好字，落笔不重，轻轻盈盈地浮在纸条上。

"九哥，是朋友的话，要记得回来找我啊。"

是朋友的话。沈九见着这句话，开始恍神，若不是工作人员提醒，他都要忘记上车，就呆呆地立在候车地标前，看着一望无尽的白日。

这趟列车将沈九从小镇缓缓地载向了远方。终点是与自己朝夕相处的亲人们——母亲，父亲，弟弟。而逐渐被自己抛下的，则是这座日渐衰老的小镇，镇子里有一个把他当成兄弟的男孩子。

他和这个男生曾经并肩，他像个兄长一样，替他排忧解难，替他遮风挡雨。后来这个男生有了想保护的人，渐渐长成大男孩的模样。

说真的，这是对于朋友情谊几乎无感的沈九来说，这一段故事最好的结局，也是他最不愿意回放的结局。

10

几个月后，和父母在一起生活的沈九，趁着节假日买了一张回老家的车票，只他独行，爸妈和弟弟都忙自己的事情。

在安检口，沈九穿着那件林州穿过的外套，摸出口袋里的车票,想起了林州的话。

"九哥,是朋友的话,要记得回来找我啊。"

沈九突然就顿住了脚步,从车站往外跑,疯了一般地跑。车票揣在了外套口袋里,碰都不敢碰。那时候,十七岁的沈九,在心里不停地道歉。他知道,自己对沈六的愧疚,已经被洗刷干净了。

那个把自己当成好兄弟的人,那个对自己充满了信赖的人,那个把自己的生活一览无余地展现给他的人,那个把他当作好友的人……

沈九心里惭愧。

就这样,这趟门终究没出。这张目的地是林州所在地的车票,也被沈九从外套口袋转移到了一个上锁的铁盒子里,经年累月的,随着一些心事,慢慢积压。

直到这张车票重见天日,早就失去了它昔日的意义。

只怪岁月太动听

若大风看穿,我的孤单

夏南年

1

遇见沈秋明的时候,我十七岁。从妈妈砸来的书和拖鞋中跑下楼,百无聊赖地坐在附近一家面馆里挑着牛肉面里的肉,有人拍了我一下,我稍微抬起头,看到一张红彤彤的脸。

"那个,看你穿校服,也是三中的吧?能不能借我点儿钱,我出门忘带钱包了,吃了一半才发现。"他讨好地望着我。

我耷拉着眼皮,懒得说话,直接从口袋里掏了十块钱扔给他,他很真诚地把校牌拿下来给我看,"我一定会还你钱的。"

我一眼都没有看沈秋明的校牌，我不想抬头，把自己小丑一样红着的眼睛展露在那么热闹的地方，我可是个英勇无畏天不怕地不怕的张扬女生。

酝酿好情绪后，我扔给沈秋明一句话，"不用还钱了。"然后擦了下嘴巴，转身就走。

到哪里溜达我都没兴趣，反正也不能回家，我干脆把书吧当成了自己的家。我从小就喜欢书，在书和报刊已经不那么盛行、成绩才是王道的年代，捧着本《聂鲁达诗集》随意翻的我被很多人当成另类，但我不怕，我觉得活得像自己没什么不好。

几天后沈秋明和我坐在书吧里喝冰镇的西瓜汁时，他竟然一脸崇拜地看着我，"徐天晴，从那天遇见你我就知道你与众不同，今天我带够钱了，想吃什么我请你。"

不要误会，沈秋明真的不是随随便便的男生，我没什么本事，可能是书读得比较多，看人也看得清。沈秋明眼中只有崇敬和感谢，滴水之恩当涌泉相报，我大手一挥，心安理得地跟他疯玩了一天。

从路边烧烤到街景公园的夜市，我又疯又叫，长时间被压抑的感情肆无忌惮地宣泄了出来，玩高兴了还合拍了一张照片。

临分别时沈秋明站在我面前，"以后你就是我姐，我出了事你得罩着我。"

我白了他一眼，"你怎么那么怂啊。"

他嘿嘿地笑,"不知道为什么我看见你就觉得安心。"我冲他挥挥手,心里没来由的失落,这句话不是沈秋明第一个说。

记得周小虫说过,我身上有一种力量,让人安心,想亲近,但我终究还是个普通的女孩子,仅能给的,是最好的陪伴。

2

沈秋明一语成谶。第二天他真的很怂地跑来找我了,不过我也直接跟他走了,毕竟这事我也脱不了关系。

沈秋明可怜兮兮的,"徐天晴,你能不能跟晓琪解释一下,你真的是我姐!她翻我手机的时候看到了我们的合照,又骂又闹的。"

"这么大的女生会撒泼放赖?走,带我去见见。"我以为在我妈面前活了十几年也算是见到了一哭二闹三上吊等各种无赖的场景,这个苏晓琪一下就让我觉得自己的书还是读得太少。

她哭得头发都散了,半骂半温柔,刚柔相济在她这里练就到了炉火纯青的地步,看着又心疼又内疚。

我只能上前好言相劝,"你别误会,我真的只是沈秋明他姐,以前还帮他付过牛肉面钱的,比你们高一级,那么冒冒失失的小男孩儿怎么可能喜欢上。"

苏晓琪不理会我，直到我把我能想出的沈秋明所有能吐槽的地方都吐了个遍，她依旧是梨花带雨，看了一眼沈秋明手足无措的样子，我一咬牙，从钱包里掏出了一张照片给苏晓琪，"看吧，这就是我喜欢的人，你觉得我会看得上秋明吗？"

苏晓琪终于破涕为笑，我松了一口气，竟然忘了把周小虫的照片拿走。

跑去学校的图书馆借了几本书回教室自习。好多人奋笔疾书的样子看得我有点儿发呆，每个人都有自己的路，好像就我没有，我有一个整天里时好时坏骂骂咧咧的妈妈，有很烂的成绩，和一个被妈妈骂作痴人说梦的美梦。

记得遇见周小虫的时候，他也是好学生。气宇轩昂站在全校人面前说话，在广播站里温柔地读那些美好的诗歌散文，不然我也不会把写了很久的散文一篇篇重新抄写，一字一句间满满地全是对周小虫的向往。

后来周小虫的课余时间里我们一起胡吃海喝，把能玩的都玩遍了，周小虫终于明白了我的心事，让我和他保证，我们最多只做普通的朋友。周小虫说，虽然我很单纯，读过很多书，会写一些曼妙的文字，但是他不喜欢会和自己妈妈吵架的女生，不喜欢不努力学习的女生，不喜欢……一连串的不喜欢里，很凑巧的，每一点我都做到了。

3

周小虫来找我了,这是他说完不喜欢后第一次主动找我,站在教室门口依旧玉树临风。周小虫把我给苏晓琪的照片扔在地上,"你又跟别人胡乱说什么了?"冷酷的样子看得我直发愣。

我蹲下身,想从周小虫的脚边拾起那张照片,却被他一脚踩住,差点儿踩到我的手,我吓得一屁股坐在了旁边,四周有好多围观的同学,连阳光也被遮挡得稀疏了起来,我不想周小虫了,脑海中反复闪现着几个字,"徐天晴你千万不要哭啊。"

喜欢的人不喜欢自己已经很丢人了,所以不可以在大庭广众下掉眼泪。我反复地念叨着,你十三岁时妈妈撕掉你写字的所有本子你都没哭,十五岁时在街上因为一点儿小事儿大骂你引得四周无不侧目时你也只是瘪了瘪嘴忍着没有哭,这次,也不值得你哭。

这么想着的时候,我就真的哭了起来。

人群中一片哗然,我想把头低得更狠一点儿时才发现乌黑的长发把我的脸遮得严严实实的,我没有发出任何声响,他们根本不是因为我。我把头抬起一点儿悄悄望着新的关注点,隐约就看到了沈秋明的身影。

还有周小虫突然倒在地上的样子。我的目光穿梭过花花绿绿的裤子,看到沈秋明跟着周小虫蹲下,面目狰狞,眼镜也遮盖不住戾气,哪里还有叫我姐姐时的怂包样,连我看得都胆战心惊。

沈秋明终于站起身,对周小虫说,"不准欺负我姐。"

周小虫不理睬他,自顾自呻吟着,我一点儿都不觉得心疼,倒是很开心地站起来,拉着沈秋明的手问他有没有受伤。

沈秋明拨开围观的人,带我去了附近一家很棒的川菜店。沈秋明狼吞虎咽,声音呼噜呼噜的,"我心情不好的时候就喜欢吃川菜,辣啊,辣得眼泪鼻涕都出来了,还管什么人渣什么家什么梦想。"

沈秋明笑,我瞪他,我的底子他什么时候全知道了?还有,明明那么厉害的一个人怎么在我面前就跟个小孩子似的。

"就知道在这贫,作业写完了吗?你们后天月考?"听说沈秋明成绩还不错,我挺羡慕他的,想着想着竟然冒出了这么一句。

沈秋明又笑了。

沈秋明眼睛亮晶晶地看着我,"我成绩不错,兼修播音,偶尔还在网络电台里读稿子,我很喜欢写漂亮文字的女生,我不看重成绩,我也相信即便是父母给了自己生命,和父母之间不能和解也总有原因。"

"徐天晴,我好像有点儿喜欢你了。"

"开什么玩笑呢?"我一把揽过他的肩膀,"我是你姐,别没大没小的。"

沈秋明不理我了,自顾自吃那盆红艳艳的毛血旺,不一会儿又扯到了新的话题。

4

苏晓琪来找我时,身上没有一点儿娇气,和第一次见面时完全不同。她很客气地叫我天晴姐,跟我说对不起。

苏晓琪说:"我知道沈秋明喜欢你,他很傻的,被你拒绝过一次就再也不敢出现在你面前,再也不敢主动找你。"我突然发现我真的很久没有见过沈秋明了,这段时间除了偶尔看看功课,我开始给杂志写稿赚一点儿外快,退稿很多,写得异常艰难也累得要命,竟然忽视了身边的人那么久。

"天晴姐,沈秋明经常在你教室的窗户外面偷偷看你,有时放学也会跟着你回家,他知道你天天拼命地写稿,就趁你不注意的时候买了很多笔芯和本子给你换新的,不然你怎么那么久都用不完当初买的几个本子呢?"

"天晴姐,他做这些事都是背着我的,但是他不知道,我一直都跟在他身后,就像你没发现一样,他也从没看见过我。"大概喜欢一个人,眼里就再也容不下其他的沙子。

没有哪个人的心像河蚌一样柔软又坚硬,能把沙子磨成漂亮的珍珠,更何况,从付出的开始就不知道到底有没有漂亮的收场。苏晓琪走后,我给沈秋明发了条短信,我当然是用姐姐的口吻让他好好学习,和青梅竹马苏晓琪好好的。

傻子都能看出我在说废话,什么好好的,听说沈秋明这次月考没有发挥出以往的水平,大概与我也脱不了关系。

转眼到了十二月,圣诞节的路边车如流水,灯火通明,我一个人坐在路边的小摊看着那些热热闹闹吃烧烤的人,想起沈秋明的话,往烤串上拼命地撒辣椒粉。川菜的辣是麻,让人晕头转向的那种,辣椒粉呛得我特别难受,我觉得我有点儿想沈秋明了,半个月没有他的消息,苏晓琪再也没有找过我,小男生的生活也该回归原来了吧。

本身一切就像一场闹剧。

我的眼角有些湿润,几滴眼泪呼啦啦落了下来,然后有人递来了纸巾。

"谢……"我还没说完,一抬头就被呛到了,沈秋明正一脸明媚地低头望着我,哪里都好,唯一不好的,他是沈秋明啊。

"圣诞节一个人躲在这里干什么?不请我吃烧烤吗?"沈秋明大大咧咧地坐下。

"你可是我姐,说好罩着我的。"沈秋明自然的话里没有一丝破绽,我竟然有些失落,飞快地把最后几串肉塞进嘴里,"走,姐带你去吃好吃的。"

我带沈秋明去了那家很温馨的粥店。那是几年前妈妈带我去的地方,每一种粥都很美味,那时候妈妈还没有那么暴躁,爸爸还没有远走高飞。

圣诞节里每家店都没有了规则,那些卖气球卖各种各样小东西的小商贩都跑进店里推销一大堆零零碎碎的小东西,我低头吸溜了几口鲜得让我掉舌头的粥,一抬头就看见沈秋明举了个彩色的气球在我面前。

"给你,我记得你说过你想要一个氢气球,出门后能飞得很高很远。"沈秋明眉目含光地望着我,

那碗粥我咽不下了,我偷偷地躲在缭绕的热气中红了眼睛。

小时候我就是个想要什么都得不到的小女孩儿,妈妈总说要节俭要节俭,十三岁时我都没有举过一次可以飞很高的气球。那天从补习班出来,妈妈带着我一个劲儿往家赶,不小心撞到了路边一个短头发的女孩儿,她手里的气球呼啦一下就飞走了。

妈妈赔给了她一个,我也想要,妈妈不给我,掰开我死死攥着线的手,"要这个干什么,你都多大了?"

看着气球回到货郎手中,我就明白了,有些别人轻而易举就拥有的东西,我一辈子都不一定能得到,为什么

呢？命中注定。妈妈，可是我小时候你也从不愿意给我买过一个呀。

没想到我还是拥有了，沈秋明细心地将线一圈圈绕在我的手腕上，气球东撞西撞，我的手腕抬得越高，它就飞得越高。

最后我还是把它放飞了，只有我自己才知道，把气球拴在手中，我不舍得，就像我自己也不愿意变成妈妈手中的木偶那样。

5

听说周小虫获得了提前被名校录取的资格，后面一学期连快要结束的这一段时间他都不用来了。我又听说，他们同学要给他举办个欢送会。

听到消息的时候，我就决定要去了。我曾说过我徐天晴这辈子没有后悔这个词，但是我后悔了。

虽然我长得不难看，但也不算好看，我很肤浅地自我安慰，把所有原因归咎到我的长相，其实我自己也明白，不喜欢一个人，她出现在自己面前都会觉得倒霉烦躁，我去见周小虫，想送给他一本很棒的书，我相信他会喜欢，但是多不幸，我就是周小虫连见都不想见的人。

不知道他为什么那么讨厌我，下次要记得，喜欢的话偷偷放在心里，才会开出寂寞漂亮的花。可是这个道理，曾经的我不明白，现在的沈秋明也不明白。

我递给周小虫书，他看也不看一眼，不耐烦地打开我的手，"够了。"

星期一早会上，沈秋明站在上面读检讨书的时候，我哭了。

我决定离开这里了，周小虫靠自己的资质获得了展翅高飞的机会，我没有那么强大，但我也想要走很远，重要的是，离开沈秋明。

我喜欢过他吗？我不能否认，虽然在心里我都会一遍遍告诉自己他是我弟弟，要罩他一辈子的，但是那都是我的自我暗示。他清澈，是我喜欢的样子，接受我哭的样子，也接受我所有装模作样的无所谓和洒脱。但是没办法。

沈秋明带我去吃川菜之前，他当然被叫去了校长室，我在外面甜蜜地等他，然后被苏晓琪带去了学校旁的一间破车房。苏晓琪打开门，指给我看墙上一张张漂亮的奖状，沈秋明三个字骄傲地写在上面。

苏晓琪说："我和沈秋明从小一起长大，在这个破街坊里，后来我爸做大了生意有钱了。小学三年级的时候我们家要搬到大房子，我去找他告别，他告诉我家里没钱给他读书了。我把自己的压岁钱零花钱都攒起来交给老师，齐心协力骗他有人愿意资助他。"

苏晓琪有些恨恨地望着我，满脸的孩子气，"天晴姐，沈秋明成绩那么好，你不想让他断了资助方吧？我也付出了很多，这几年我一直瞒着爸爸，他给了我那么多钱，我要一边在他面前装成大手大脚花钱的小孩儿，一边省吃俭用给沈秋明……你不要跟他……老是待在一起就好了。"

苏晓琪哭了，我竟然有点儿心疼她，这个年龄的女孩儿，喜欢上一个人特别辛苦，掏心掏肺地为他好，还不让他知道。我被周小虫伤透了心，也没有那么多钱让沈秋明好好学习，我答应苏晓琪了，我们约法三章，沈秋明找我三次我只能理一次，我不主动找他。

临走的时候苏晓琪说："今天就算了，我知道他从办公室出来后最想见的肯定是你。其实吧，天晴姐，如果抛开沈秋明不说，我还是很喜欢你的，像一团火，特别真实。"提到沈秋明的时候，苏晓琪笑了一下，很娇羞，但没有一丝矫揉造作。

昨天苏晓琪又找到了我，"秋明为了你又打了一场架，这个处分要背到毕业的，很多奖都不会有他了。你凭什么？"

所以我要离开了，这是我早就想做的事情，当然不完全是为了躲开谁，昨天我还跟妈妈大吵了一架，我们互相用难听恶毒的语言中伤对方，不对的爱，不如不见面。所以我要走了，我买了去南京的车票。

我喜欢那儿高大的树木，很漂亮很干净，就像沈秋明看着我笑。我在他家楼下停留了一会儿，心想，这就是我弟弟的家。

我上车的时候，转过头，分明看到了一双眼睛在焦急地寻觅着什么，带着点点泪光，我飞快地扒开人群上了车，眼泪哗啦啦流了下来。

时过境迁，什么都变了，包括我，包括沈秋明，也包括千叮咛万嘱咐生怕沈秋明来送我的苏晓琪，她还是没有狠下心，让他来送我最后一程。

我哭得眼泪鼻涕都出来了，我真的很难过，毕竟，再也没有人突然冒出来，随意地递给我两张纸巾，好像我本来就是个该被理解呵护的女孩儿那样。

玻璃心少女

翁翁不倒

1

这下好了,黄裕肯定更讨厌她了。于安安偷偷瞄被罚站走廊的黄裕,暗自懊悔。

今天又是号称最无聊老师上的最无聊的课,她一节课盯着黄裕的背影发呆,不知不觉睡着了,梦里黄裕一改常态,紧紧拉着她的手,走过一条又一条的马路,说要和她去看电影,她一路开心地傻笑,突然看见他口袋里手机闪着亮光,下一秒铃声响起,她惊出一身冷汗,猛地醒过来,无意识握在手中的笔掉落,啪一声,成功地将老师的目光吸引住。然后在她惊恐的目光中,老师一步一步走来,最后,停在了黄裕面前。那时黄裕正在和别人聊天,一抬头看见老师面无表情的脸,然后他被请出了教室。临走前,于安安似乎看见他回头恶狠狠地瞪了她一眼。

都是自己干的好事!

于安安难过地将头埋进课本里,恨不得抽自己两个耳光,这都什么跟什么啊!

然而事情向着更糟的方向进行,老师一声:"于安安,起来回答一下这个问题。"于安安明显听到了心破碎的声音。

大门被敲得乒乒乓乓响的时候,于安安刚结束了一个噩梦,满头大汗。她在黑暗中坐起身,听见有人踩着拖鞋下楼的脚步声,过了一会儿还听到另一个像喝醉了酒后走路的声音,她知道那是谁。因为他们很快进了客厅,爸爸满嘴胡话,妈妈想把他弄上床去睡觉,他不肯,然后不知道发生了什么,爸爸很生气地破口大骂,妈妈哼了一声,上楼进了房间把门摔上了,门"嘭"的一声大响,吓得于安安打了个哆嗦。

于安安蜷起双腿把自己抱成一团,尖尖的下巴搁在腿上,硌得有点儿疼。

爸爸还在客厅喃喃自语说着酒话,于安安把眼睛睁得大大的,盯着一处使劲儿地看,直到眼前的景象终于模糊。

这一年的于安安,刚刚升上初三,没有好人缘,没有好成绩,男神不喜欢自己,同班同学排斥自己,以及自己无法向外人提起的破碎的家,都让她的头一低再低,变成一只鸵鸟。自卑的鸵鸟。

2

爸爸妈妈宣布和平分手的时候,于安安正在经历她人生的第一个转折点——中考。

最后一科考试的结束铃响起的时候,于安安吓了一跳,缓过神来才想起这并不是她家的门铃,门外也没有一个喝醉酒忘带钥匙的爸爸等着人替他开门。

于安安收拾好自己的东西先回了学校,班上的同学都显得很兴奋,三三两两凑在一起拍照告别,写同学录。

后桌的男孩儿递过来一个本子,"安安,记个电话号码吧,毕业后好联系。"

"恩。"于安安写下自己的手机号码,递还给后桌,"你要是找我就给我发短信吧,不要打电话。"

"为什么?"

"我有铃声恐惧症。"于安安收拾好一切,背起书包。

"啊?你不想我打给你就说啊,不要说可信度这么低的谎话好吧?"

于安安笑,"啊!对,我骗你的,你还是不要给我打电话了。再见啦！"

这并不是一个谎言，虽然说出来挺可笑的。爸爸妈妈经常吵架，把妈妈气回了外公家，爸爸就跑出去喝酒，然后一身酒气地回家睡觉。那时候她还小，正在房间写着作业，听到电话响了没有及时去接，把房间里的爸爸吵醒了，爸爸瞪着满是血丝的眼睛，把于安安大骂了一顿，于安安赤着脚踩在冬天的地板上，很冷。

她不知道自己做错了什么，大眼睛里蓄满了泪水，没想到爸爸看到她哭更生气了，大着嗓门又吼了她几句。

至此之后，于安安每次听到铃声都会心跳加速、手足无措、满心恐惧，直到现在还是这样。

于安安用钥匙打开家门之后，才发现今天人来得挺齐的。

爸爸看到她，嘴唇动了动，"安安……"

"哦。"于安安回答，"不用问我意见了，你们决定吧，想让我跟谁我就跟谁，我没意见。"她进了房间，放下书包，呈大字形仰倒在床上，盯着天花板看了一会儿，用一只手臂缓缓盖住了眼睛，看不清神情。

3

于安安暑假回了乡下奶奶家住，田园的好风光让她暂且忘掉那些不愉快。她下河去摸鱼，河里的鱼又肥又大，于安安弯腰去捞,用力过猛整个人直往河里冲,突然被谁从后面拽住了。她回头一看,被吓到了,竟然是黄裕。黄裕也没想到是她,愣了一会儿,问:"你在干什么?"

"摸鱼啊。"

黄裕外婆也住在这附近,这次他也是回来看望老人的,顺便四处逛逛,没想到会遇到同学。于安安心存芥蒂,也不知道说些什么好,坐着尴尬,她回头看着坐在岸边的黄裕,"我前面看看去,那里的鱼好像还要更大些!"

黄裕随意应着,后来竟然看不到于安安人影了,他眯着眼远眺了一番,看到于安安越走越远,那里水流很急,不注意就会有危险,他不经大脑地吼了出来,"快回来!你神经病吗!"然后冲了过去,于安安没听清楚,就看到黄裕跑到自己面前一把拉过自己,很生气地说:"你是猪吗?这里很危险知不知道!"

于安安猝不及防地眼泪就掉下来了,低着头,小声说着:"对不起,对不起,不要吼我……"黄裕愣了,有点儿懊悔,"呃……对不起我不是故意的,是曾经看到有小孩儿在这里溺水,所以再看到情绪有点儿激动,我不是故意吼你的……"于安安整理好情绪,"不是你的错,是我自己的问题。"

后来黄裕问于安安,"你是玻璃心吗?!"

他看到于安安很认真地摇头。

4

高一，于安安开始了自己的住宿生活，生活变得繁忙起来，她也无暇去想其他。终于还是到了月底，于安安简单收拾了行李，坐上回家的客车。

刚到家就闻到很浓郁的鸡汤味，爸爸从厨房里探出头来，"安安回来了啊，把东西放一下去洗手，晚饭快要好了。"

"嗯。"于安安听话地回了房间。

这一年爸爸改变了很多，于安安可以清楚地看到他脸上多出的皱纹，头发里多出的银丝，他从一个强势的大男人突然变成了一个小心翼翼想要讨好于安安的小孩儿。

于安安不知道是不是自己只是在做一个美梦，而做梦，迟早是会醒来的。

吃过晚饭后，于安安回房间学习，提起笔才写了几道题就写不下去了，笔尖无意识地在草稿纸上画着圈。于安安知道爸爸就在客厅坐着，这一年来都是这样，她在门内，他在门外，默默无言做着各自的事。偶尔他会敲门给于安安送上一杯茶，但也仅此而已。

时针指向十的时候，于安安伸了个懒腰，起身上厕所，客厅关着灯，爸爸已经睡了。于安安从厕所出来，看了一眼客厅的矮桌，一杯已经没了温度的茶水，烟灰缸里有堆成小山的烟头。她微不可闻地叹了口气,轻手轻脚地回了房间。

5

第二天于安安起了个大早去晨跑。

手机铃声突然响起来的时候她吓了一大跳,接起来才发现是宿友打来的,"哈哈哈,于安安你这个铃声恐惧症患者有没有被我帮你新换的手机铃声吓傻啊?嘿嘿,记得回来带点儿土特产啊……"

挂掉电话,于安安停下来去吃早餐,吃完准备去买特产。

她突然觉得,有些事情她已经形成习惯且难以改变,而有些事情虽然困难但她还是想要尝试着去改变。

下午,爸爸跟以往一样送她到车站,坐上车,她在窗口看到爸爸还在外面站着看着她,相望无言,车启动起来,她看着那个日渐衰老的人,眼泪还是淌了下来,于安安在心里默默说道:"等我回来吧。"

因为爱情的蠢蛋老野

马佳威

我的兄弟老野,是个十足的蠢蛋。他总像个剧作家,给自己设计一场与漂亮姑娘完美的邂逅,老野这家伙明明是只丑小鸭,却非要把自己装裱成一只高贵的白天鹅。我常常问老野:"为何要放弃治疗,这么折腾自己。"

老野想都没想,用了一句万能句式答道:"因为爱情。"

也许是因为看多了言情小说,老野满脑子都是罗曼蒂克的幻想,并把自己的故事设计的与偶像剧如出一辙。"人蠢的时候,真是无可救药。"我是这么想的。

下一个出场的姑娘叫苏颜,她是我见过最美的女孩儿,没有之一。

苏颜的容貌我姑且先不描述,做个类比。《陌上桑》中美女罗敷出场时写道:行者见罗敷,下担捋髭须;少年见罗敷，脱帽著梢头；耕者忘其犁，锄者忘其锄。是的，作为乡野村夫的老野和我都被苏颜的美貌倾倒。老野常不自觉嘀咕："美，真美，这要是我未来媳妇就好了。"每每听见老野嘀咕时，我总暗想："癞蛤蟆想吃天鹅肉。"

　　按一般人来说，对苏颜的爱慕只会停留在口头上或者心底，但是老野不是一般人，他已经在宿舍里发了神经似的，在床上打滚，并威胁我们给他献言献计。我告诉老野："其实苏颜心目中早已有一个男神了。"听了我的话，老野愣了一下，然后看着我恶狠狠地说："是谁？""是五月天的主唱陈信宏呀，你没发现苏颜的微信里都是写给男神的情书。"老野这才擦了一把汗，认为陈信宏对自己构不成威胁。如果这么想，那老野只是盲目乐观，因为他忽略的是极大数量像老野一样的普通小男生，但那些无数的"老野"都在一轮轮的攻势下败下阵来，变成了炮灰。老野一想到自己堪忧的命运，不免捏了一把冷汗。

　　我想老野不是个凡人，他是二十一世纪最痴情的情圣呀。"不讨好苏颜，我就去少林寺当小和尚。"老野是这么向我夸下海口的，但是我压根没有把他的胡言乱语当一回事。

　　老野真的走火入魔，变成色魔了。与苏颜聊天，一般人收到"呵呵""我去洗澡了"诸如此类的话语，都不会自讨没趣，但是老野却固执地一个劲儿地给苏颜继续发短信。倘若苏颜不理他,老野就在旁边一个劲儿地哀号,然后绝望地躺尸在床上,每有风吹草动,老野又满血复活,继续他的幻想:苏颜的手机会不会被偷了?苏颜会不会被歹徒绑架了?老野总是想着自己是白马王子,斩杀恶龙救出苏颜,分分钟把自己想象成马里奥。老野常自我安慰,都说沉浸在爱情里的人智商为零,何况单相思吃错药的老野。

所以老野常常成为我们挖苦的对象,就像鲁迅笔下的孔乙己。老野把与苏颜一起看星星这个浪漫的桥段列进了他的三年计划。

其实老野不是蠢,是固执。只要苏颜说自己饿了,老野就立马踏着他那辆破自行车,给苏颜买零食吃;会为了给苏颜一个惊喜,动员我们帮助他折千纸鹤,然后在早上六点潜入空无一人的教室,把一袋子千纸鹤星星在苏颜的课桌里排成心形;会在放学时,躲在大树后面等待时机制造巧合,伺机搭讪。

在寝室里,趁老野不在,不知是谁提议捉弄老野,于是几人围在小桌子旁策划了一出极其周全的剧情。我们怂恿老野写情书表白,没想到老野竟连夜开着小台灯张罗了一封情书,然后我主动请缨,担任爱情邮递员,老野没有狐疑,出于信任,慎重地把沉甸甸的情书交到我的手里,并且千叮咛万嘱咐。我表现出一副极为忠诚的样子,边跑边朝老野喊:"包在我身上,保证完成任务。"

跑出寝室一拐弯，其余几个"剧务"就围上来了。我们看到老野在寝室里来回踱步，像是一个等待新生命的父亲，坐立不安。我们就放心把信拆开，老野的字写得工工整整，苏颜前面的"亲爱的"还被老野用口水搓去了。"编剧"请文笔和字都不错的我来负责回信。他编一句，另一人编一句，合在一起很是无厘头。大体就是其实我也喜欢你，你长得好帅云云。在我看来，这封虚假的回信很快就会被老野揭穿，我生怕被老野揍一顿。为了防止老野起疑，我先跑去外头转了一圈，然后毕恭毕敬地把回信交到老野的手里。

我以为事情就此打住，老野会拆穿我们这个俗套的把戏，但是高潮来了，老野非但相信了这封信真是苏颜写的，而且还每天在睡前深情吻这封信。

老野坚定地相信苏颜是在乎他的，所以下课跑得更勤了。这样的自作多情一直持续到苏颜恋爱了。那是高二的时候，苏颜喜欢上了一个高三的体育特长生，一米八几，壮汉，虽说老野不矮，但绝对没有那个特长生来的壮实。我们暗地里把那个体育特长生代号为猛龙一号，在此之前，我们把追求苏颜的男生标为癞蛤蟆一号二号，老野把自己标为青蛙一号，他以为可以变成王子，和公主过上幸福的生活，但他错了，因为那次情书事件，让老野对于当时的局面做出了错误的判断。

老野深信，这是老天开了一个玩笑。"我要跟他决斗！"老野对我说出这句话的时候，我分明看见他的眼睛在燃烧，也是，这个他追了两年的女孩子，被一个程咬金轻易截获。任谁都咽不下这口气。

我决定把我的犯罪情况一一具述，生怕老野一冲动做了傻事，单枪匹马去找猛龙一号决斗，然后被揍成土豆泥。这时候，苏颜拦在老野前面说："我真的喜欢他，你不要去送死了，你打不过他的。"

"可是你在信上说觉得我蛮不错的呀，你还夸我帅呢！"老野固执地问。

"你少自作多情了，我从来没有给你写过信！"苏颜吼道。

看到老野眼睛布满血丝，我们深觉恶作剧闹大了。那天晚上，老野约我去操场，我做好赴死的准备了。但那天晚上老野却什么也没说，只递给我一瓶酒，老野说："我哪里比不上那个猪头一号了，是他比较善良还是他长得比较帅呢！"我在一边哭笑不得，其实感情这种东西是没有理由的，因为苏颜喜欢他，这个理由就足以让你哑口无言。

那晚我们喝酒被巡操场的政教处主任抓了个正着，扫了一个月的厕所。

之后的老野依旧疯疯癫癫，终于在一次老野锤床板的时候，我忍不住问老野："你每天大喜大悲，不好好念书也犯不着发疯呀。"老野一副不屑的样子，然后说：

"罗丹曾经说过,这个世界不缺少美,只是缺少发现美的眼睛。你就只知道念书,身边有那么多美丽你还没发现呢!""你看你,不久之后就要高考了,你只知道发现美,你长远规划过自己的未来吗,你考不上大学,到时候就算苏颜单身,你也没机会跟她在一起呀。"我真为老野的学业堪忧。那天,老野沉默了一个下午。

后来老野洗心革面重新做人了,他开始发奋念书,也没有再提起过苏颜以及那封情书,我想老野是知道我们恶作剧的,但他一直没有质问我们,也许老野依然抱有一丝希望。

我必须交代一下故事的结局,青春故事依然是戏剧性的,猛龙一号上了大学就跟苏颜分道扬镳了,高考结束,老野终于如愿和苏颜考取了同一所大学。最后也顺理成章地和苏颜在一起了,这个消息不禁让我瞠目结舌,我问老野:"是什么支撑你喜欢苏颜那么多年的。"老野想都没想就说:"因为爱情。"

假期,我在街上遇见老野和苏颜,说起了那次情书事件,老野哈哈一笑。他说要感谢我,因为我的话让他突然顿悟,发奋读书,我们不该鼠目寸光,而要长远考虑,然后坚定信念往前走。蠢蛋老野也让我明白,只要坚定了就义无反顾努力,梦想还是要有的,万一实现了呢!

为你一人，四海潮生

晚安人海

1

如果能回到十六岁那一年，顾海一定会选择男敢一点儿，径直越过篮球场去认识那个叫许潮烨的女孩儿。

那时的顾海和罗勒还是很好的朋友，他们俩好到什么程度呢？就是那种白天一起上课、一起吃饭、一起玩闹，晚上还能躲在一个被窝里看电影、打游戏、聊天的朋友。

班上的女生热衷于把最好看的男生选成班草，但在顾海和罗勒之间犯了难。顾海天生就有一副耐看的脸，从小到大没少受女孩子追捧，但罗勒也长有一张英俊到令人窒息的侧脸。

每个傍晚顾海和罗勒总喜欢在学校的篮球场里打篮

球,某天顾海突然停下了运球的动作转身搭向罗勒的肩膀,指着篮球场边缘最高处的看台,"那里有个女生盯着我们好多天了,要不你帮哥们儿去勾搭勾搭那个妹子呗?"

落日的余晖投下一束金灿灿的阳光照在女生身上,她有所有男生都不能忽视的好看外貌,也有顾海所想象的让他心动的瞬间——她只是静静地站在那里,顾海心里却百转千回。

罗勒被顾海威逼利诱一番后举手投降,无奈地走向了女生……

2

拜罗勒所赐,他成功地将她带进了顾海的圈子。

罗勒打趣逗顾海:"你平时不都一副天不怕地不怕的样子吗,怎么碰到喜欢的人就怂了?"

"暗恋这件事,本来就会让人变得胆小。"顾海一脸正经的样子让罗勒没有反驳,这更让顾海不敢理直气壮地接近那个叫许潮烨的女孩儿了。他只敢在罗勒也在场的时候和许潮烨一起谈天说地,分享新出的电影或者互相推荐新出的甜品。

不知道从哪儿传出流言说顾海喜欢隔壁班的班花很久了,顾海越是急着否认,同学越是好奇,最后流言愈传愈盛,甚至学校的贴吧论坛都在谈论此事。

那天顾海的脸都快气成了猪肝色,发誓一定要把这背后乱嚼舌根的人抓到狠狠揍一顿。罗勒只是面色平静地说道:"别在意别人怎么说你,也许你喜欢的人压根就没那闲情听你的这些闲话。"

顾海当然没有真理会那些空穴来风,因为高二即将分文理科这件事就已经足够让他烦了。

本来约定好和罗勒一起去理科班的,但分班结果出来后顾海却傻了眼——罗勒和许潮烨双双去了文科班。其实顾海质问过罗勒,他依稀记得在刮着大风的那天晚上树叶被吹得簌簌作响,罗勒的目光飘忽不定被顾海尽收眼底但没有揭破。

罗勒好看的右手放在后脑勺,皱着眉头的样子看起来特无辜地说道:"分科志愿是我家人突然改的,我事先什么都不知道。"

顾海的右手也放在背后,只是罗勒看不到他的手指用力捏到了泛白。即使他再心不甘情不愿,也不得不对这段和罗勒之间的友情说声"再见"。

3

分班后的顾海更没有了理直气壮地去找许潮烨的理由,只能天天往罗勒班里跑,心思却时不时地飘向了隔壁文科班。

好巧不巧的是之前谣传顾海喜欢的班花也分在了罗勒一个班，这么一来，许久未曾被谈起的话题再次被炒得热火朝天。

而许潮烨也绝对不是那种平凡的女孩子，自然不乏追求者，顾海越看越心急，终于在又一个学期过去后决定向许潮烨表白。

学校运动会在情人节那天举行，前一天晚上顾海把罗勒约到教学楼下将写好的告白信要他转交给许潮烨，以及一盒包装好的手工巧克力。

罗勒拿着顾海精心准备的告白礼物消失在夜幕中，顾海心里顿时有一种强烈的预感，也许他和罗勒从此将要划分成两个世界的人。

运动会开幕后所有人都蜂拥至操场，只有顾海站在教室所在的三楼看着罗勒把许潮烨约向了教学楼下的小树林，满心期待地等在教室门口。

良久，他才看到了许潮烨面无表情地走出小树林，手上没有他送的巧克力和信。再然后，许潮烨上楼路过三楼时，和自己的视线准确无误地碰撞上。在阴沉沉的天气里，他看着她，一步、两步、三步……没有一刻停留。

这就是许潮烨给顾海最彻底的回复，这就是顾海青春里无疾而终的单恋。

而后接踵而来的高三让时间过得飞快，罗勒甚至搬出了学生宿舍，就连平时和顾海见一面的机会都少了。

顾海以为，再大的阵痛也只是青春小插曲，所以直到高三毕业他也没有再去打扰纠缠过许潮烨一次。

4

如果不是心血来潮想去看看许久未见的罗勒，顾海大概永远都不会知道事情的真相。

大学后各奔东西的他们鲜少联系，那天他想给罗勒一个惊喜，事先等在了他回宿舍的必经之路。

然后就看到了那一幕——许潮烨的手被罗勒紧牵着，她的眼里全是他不曾见过的温柔。

只有分开后，才会后知后觉地发现自己喜欢一个人已经到了无法自拔的程度。但顾海出奇地平静，很久以前的疑惑一个个全部解开。

顾海的人缘并不差，当初是谁最开始传他喜欢隔壁班花随便一问便知道了答案，但知道始作俑者是最好的朋友罗勒后他选择了沉默，然后是紧接着的突然修改志愿，以及对许潮烨表白后他们三人的渐渐疏远。

一切都是罗勒设的局，罗勒喜欢的人也是许潮烨！也许当年罗勒根本没有把自己那封表白信正确地转交给许潮烨！

知道了真相的顾海用仅存的一丝理智保持着微笑对罗

勒打招呼。他恨罗勒，从来都没有想到会这样恨他。

但他又没有资格去恨。当年本身就是自己的错，如果不是他懦弱得连告个白都需要依靠别人转告，也许如今的一切都是另外一个模样。更何况罗勒只是在爱情和友情里做了个选择，只能怪当初只顾着自己的喜欢，没看出罗勒对许潮烨也怀着心思。

那天罗勒他们看到了顾海，罗勒的眼中有那么一刹那的惊慌失措，但许潮烨眼中没有一点儿波澜。

5

有一些事，大概顾海永远都不知道。

篮球场看台上初次见面时，许潮烨看到罗勒走近自己转身就想走但却因为罗勒的一句"我可以带你去认识顾海"而停了下来，其实在那一刻罗勒就知道许潮烨喜欢顾海。

分班的前些天许潮烨问罗勒顾海是读文还是读理，罗勒望着远方良久才吐出一个字："文。"后来许潮烨跑来质问，他随口说是顾海的家人临时帮他修改了分科志愿。

运动会的前一天晚上，许潮烨站在阳台上吹风，恰巧看到顾海把一封信和一盒巧克力交到罗勒手上。她不是没有听到过顾海喜欢罗勒班上的班花的流言，但她和顾海一样都不勇敢不敢亲自去问。她怕他的回答让她失望。

第二天，罗勒把许潮烨约到了小树林，在小树林等着的还有班花。罗勒是这么对许潮烨说的，"顾海啊真是胆小，表个白都要拉上我们俩帮忙。"

　　班花当然对顾海的"表白"拒绝得干脆，许潮烨突然把那还未拆封的表白信抢来撕得粉碎，那盒巧克力也被她扔在地上。班花用看神经病一样的眼神望着许潮烨。

　　那之后罗勒对许潮烨表明了自己的心意，许潮烨说，"如果毕业后我能忘了他，我们就在一起。"

　　两个不勇敢的人彼此喜欢着。罗勒偶尔也会愧疚这件事，但他并不觉得自己错了，因为他们都一样深陷在了这样的年纪。

　　而有一个画面，是只有许潮烨一个人才知道的。

　　那天她失魂落魄地返回教室，途中碰到了在教室等待消息的顾海。她望着他的身影，只觉得一辈子都无法企及。

　　运动会开到一半突然下起了雨，所有人纷纷返回教室，只有许潮烨一个人冲出教室冒雨捡起了那盒扔在地上的巧克力。

　　同学们都在教室看电影，她拆开盒子，手工巧克力上刻了八个字——为你一人，四海潮生。

　　每每想起这些，许潮烨都觉得顾海真是又残忍又好笑，对别人表白却要刻上带有自己名字的词语。她拿起大块大块的巧克力往嘴里塞，猝不及防地落下了许多泪水，怎么止也止不住……

只怪岁月太动听

马佳威

十一月的城市,终于被北方吹来的冷空气降温,随风飘落的树叶落地时没有任何声响。

彼时,我正穿过长长的街道,每逢雨过天晴,一些封尘已久的记忆便会被勾起,除了求职、工作、消磨时光,偶尔还会想起她,想起那些年被青春环绕的日子。

她是我见过最文艺浪漫的姑娘,尽管她有个俗气的名字——小利。每次我坏笑地唤她小利,她都会捂着耳朵说,难听死了。

如果我再叫几声,她就不理我了,我扯扯她的衣角,她又会撇过头来叫我老马,我说好土,她继续老马老马叫个不停,我把头一甩,神气地说,我才不是老马,我是飞马、神马!

1

记得第一次见到文艺姑娘是在夏末初秋,我们俩趁夜色大摇大摆穿过校园寻找向日葵,一阵又一阵的风将她的头发吹起,夹带着入秋的微凉,江水泛着路灯映照的微光,好似我们光辉灿烂的未来。

我们穿过密密的向日葵丛,我给她拍照。文艺姑娘有一头乌黑的头发,整齐的平刘海,长长的裙子,与黑夜融为一体。

我们打着灯看一朵朵半寐半醒的向日葵,我乐呵呵地说:"你真是个文艺的姑娘。"她开心地点头,嘴里却发出"切"的声音,这也是我们相处最和谐是时光,纯粹清澈,这种感觉好似冬季初雪落下时的欣喜。

那个时候,我仅仅觉得文艺姑娘是个文艺的女生,而文艺姑娘,仅仅觉得我是个文艺的男生。如果再用一个词修饰她,那就是漂亮。

文艺姑娘因为长得漂亮,有过不少烦恼。比如无论去哪里上班,都会引来穷追不舍的男生,这真是奢侈的烦恼。

文艺姑娘每天晚上都会去镇上的火锅店兼职,回来就会喋喋不休地向我抱怨这世界上有一种神奇的生物叫老板娘,偶尔也会跟我讲述店里的故事,店里有个小姑娘喜欢上了一个有妇之夫的大叔，有天晚上喝个烂醉，发起酒疯来，抓得她的手生疼；店里有个小男生对自己穷追不舍……

她总是叹口气，又惋惜地说，他们都还是未成年啊。

我在一边静静听着，偶尔发出"嗯嗯"的赞同声，有时这也会让她感到不安，认为我是在应付她。

2

我们都是容易感伤的人，会因为一些突如其来的情感失眠，于是两颗孤独的星球在浩海无垠的宇宙里相遇了。

文艺姑娘说，有时候安静下来就会很悲伤，明明上一刻还很欢愉。那时我在写小说，她是我第一个读者。后来我们聊得越来越多，从时政新闻到社会问题，从文学创作到音乐鉴赏，最重要的是我们有个共同爱好——斗地主……

现在的年轻人有一点儿动心，就会迫不及待地想要表达，等到人散了，才会如梦初醒，发现自己只是一时冲动。

而我和文艺姑娘都是极其冲动的人，我们之所以投缘，大概就是因为我们性格里有一样的固执和不可理喻。

我时常因为一点儿小事和文艺姑娘闹别扭，之后谁也不会先低头，我们就从夏天冷战到冬天。直到某一天文艺姑娘突然说："其实我是个慢热的人，很难有人走进我的心扉,而你走进了我的心里,又怎么可以轻易离开。"

听到这里,我突然有点儿后悔,想起此前我们还心心相印,还情投意合说怎么没有早点遇见。我说:"小周,你知道我有多羡慕你吗?你能遇见全世界独一无二的我,嘿嘿嘿!"

"去死……"

其实有时候我真的会羡慕她,因为她有一个无比包容她的男友。

3

文艺姑娘和男友是异地恋,即便这样,在社交平台上秀恩爱时,也足以刺瞎无数单身男女的双眼,比如说我。

在默默看着她男友无数次宝宝长宝宝短、外加各种矫情肉麻的话之后,我终于忍无可忍地要跟文艺姑娘一刀两断。

她说:"老马你就是小气。"

我露出贱贱的表情说:"是呀,是呀,你来打我呀!"

文艺姑娘"哼"一声:"你别走,我打死你这个小混蛋!"

当然,文艺姑娘也有跟男友吵架的时候,这时她就会跟我抱怨,他不解风情,不怜香惜玉。而我会在一旁应着她，是呀，是呀。

转而她无奈地说："其实有时候想想一个人也挺好，大不了以后相亲，老马，你说是吧……"我点点头，又慌忙摇摇头。

失意归失意，当她看到男友的情侣头像和情侣名，又在留言板看到他真心诚意地道歉，文艺姑娘又觉得惭愧，忍不住原谅他。

文艺姑娘姓周，她男友姓汤，一粥一汤，就缺少点儿菜。

而我不是菜，我是飞马。所以有一次我在操场做一匹自由的野马时，朋友约吃夜宵，这时候却收到文艺姑娘的信息，她说她下班了，一个人有点儿怕。

我笑着说："你不是说自己丑嘛，不会有歹徒绑架你的。"

她停顿了几秒，又失望地说："我以为你会来接我。"

我放下手机就往镇上跑，那时候我觉得自己不再是老马，是飞马。

4

这样的日子一直持续到我大四上学期结束，温州的天气越来越冷，有时候一场雨，满地都是金黄的落叶。

即将毕业出去实习的我,开始在半夜与室友扯着天南地北、日上三竿时昏昏沉沉起来点外卖,那时候我觉得,自己和文艺姑娘身处两个世界。

我曾说过,在我们还能见到彼此时,要用力地告别,因为也许一转身,我们就再也不见了。

谁也不例外,包括文艺姑娘。哪怕我时常挂念她,却也没有打扰。有些人,住在旧时光里,就已经足够了。

后来,我们相互离开,来不及正式告别,我知道,我再也见不到她了。本以为这是聚散的必然,却让我在岁月的窗口,伤怀了好久。

我仍然记得那天我们撑着一把伞走在路上的场景,雨下得很大,就一把小花伞,街上没有太多的行人,昏黄的路灯显得格外有情调。

两个黑乎乎的影子慢慢地向前挪着,说话的间隙,我偷偷看她的眼睛,不是很大,却特别明亮,我不敢走得太快,怕多走一步路,就会少说一句话。

说话时,她会看着我,而我却低头看她的影子。那时候,整个世界就好像只剩下了我们,贴得那么近,每一分钟都令人觉得特别漫长。

将文艺姑娘送回宿舍后,我奔向雨中,路灯的昏黄将树叶映得通透,好似没有尽头,我突然停下脚步,那一刹那我无法用言语形容。

我突然想到,我们不可思议地活着,不可思议地死去，风、花、街道都一样。

5

当我再度回到这里的时候，校园河岸的向日葵全开了。落日的余晖穿过树梢，河水泛着粼粼的波光。

我站在桥上，风一阵阵迎面吹来，将我的头发吹乱，三三两两的男生女生在向日葵间拍照。

我突然思绪万千，或许青春已经不再了。

当我在这座熟悉的城市再次见到熟悉的人，她说："老马，你变老了。"

我点头微笑，没有反驳。

是的，我已经被生活拖得伤痕累累，忘记了如何去爱，如何被爱，哪怕我们都只是路过，在未来忘记彼此相处的记忆，但我依然记得，我们曾经拥有过的美好。

文艺姑娘，我不怪岁月太动听，哪怕只是幻觉，因为你永远是我记忆深处的暖。

所爱隔山海

谁家少年春衫薄

陈呵呵

那个每天傍晚牵着哈士奇从居然然家楼下经过的少年,她注意他很久了。

居然然从来没见过一个男生那么喜欢穿衬衫,纯色的,格子的,条纹的,各式各样,但不管怎么穿,都如此妥帖好看。

起初注意到他,完全是无聊作祟,她想看看他有没有哪天是不穿衬衫的。掰着手指数了数,整整五十二天,无一例外。

第五十三天的时候,温城下了三个月来的第一场雨,电闪雷鸣,轰轰烈烈。静谧的房间里充斥着雨点敲打玻璃的噼啪声,尖锐的闷响,杂乱毫无章节,就像此刻居然然的心情。

当习惯成为自然,她忍不住想,现在的他在做什么呢？是和她一样坐在房间里望着昏暗的天色发呆，还是和他的哈士奇在室内玩耍，但不管是哪一样，她都不得不承认，当她在这个角落百转千回描摹他此刻状态的时候，他却不知道这个世界上有一个她的存在。

这让她有些悲伤，这件事太不公平了，虽然暗恋本来就是件不公平的事情。

多少次躲在窗帘后面偷看打窗下而过的衬衫少年，多少次鼓足勇气想打招呼却又望而却步，多少次望着他远去的背影才敢轻声低喃。

你好，我叫居然然。

她多么想和他一起遛狗啊，他一定猜不到，顺其自然的偶遇其实是她精心策划的刻意。可是再完美的计划，遇上现实终归束手无策，妈妈怕狗，所以是断然不同意她抱只小狗回来的。

就在连绵不断的雨水光临这个城市的第四天，居然然接到了小姨的电话，小姨一家要出国旅游，爱宠无人照料，想要托付给居然然照看几天。

小姨家的宝贝宠物是一只荷兰猪，名字叫阿错，最大的爱好就是吃，其次就是睡觉，这让居然然很是沮丧。

阳光再次洒满温城大地时，居然然已经有整整八天没见过那位不知名的衬衫少年了。

吃过晚饭，居然然早早等在阳台，距离少年和哈士奇通常出现的时间大约还有十分钟，居然然决定利用这十分钟和阿错进行最后的交涉。

"阿错，你要是这么懒，我真的不会给你吃食哦，我说真的，说到做到！"

小猪阿错耷拉着耳朵继续安睡，似乎一点儿也不在意这位临时小主人的警告。

居然然气得腮帮子鼓成球，却仍不气馁："好吧，如果你愿意跟我出去散步的话，我就给你买好吃的。"

这回阿错有反应了，却也只是懒洋洋看了她一眼，并没有其他任何动作。

"扑哧——"

突如其来的笑声，来自外头。

居然然一转头，就看到窗外正站着一位穿黑白条纹衬衫的少年，他眉目清朗，他笑颜舒畅。

有那么一瞬间，居然然觉得自己的灵魂被抽空了，空荡荡的脑海里只盘旋着一句话——他和我讲话了。

竟然就这么认识了，居然然也终于得以知晓他的名字。

阮槟。

居然然知道阮槟是很有魅力的，却没想到他的魅力竟已经涉及宠物界，在他的牵引下，阿错竟然愿意出门遛弯了。

居然然也终于得偿所愿,和他走在一起,讲几句话,虽然都是些很琐碎的事,但仍是很满足。

因为熟识了,即便是后来阿错被小姨接了回去,居然然也坚持等在楼下,同阮槟还有他家的哈士奇"烧麦"一起遛弯。

少年,少女,和狗。

多么奇妙而又有爱的组合。

她不知道别的女孩子是不是像她这样知足常乐,其实她并没有抱着多大的"野心"来接近他。她只是觉得,能和他做朋友,能每天见面诉说心情,偶然遇见时一个点头,一个微笑,便够了。

居然然一直觉得自己是个不贪心的女孩儿,直到"她"的出现。

"她"是谁?叫什么名字?

居然然不知道,阮槟也不知道,可阮槟就是着了魔似的喜欢她,一如当初居然然义无反顾地喜欢上阮槟一样。

直到这时候居然然才发现,自己满足于的只是阮槟的心不属于任何人的状态。

他可以不喜欢自己,但他也不可以喜欢别人。

居然然有些受伤,自己心心念念的少年,却心心念念地想着别的女孩儿。

"以后,我可能不能和你一起遛弯了。"

阮槟说出这句话时,天际被晚霞拉扯出浓重的绯色,绯色映进居然然的眼,她觉得眼眶温温的有些难受。

"为什么?"

为什么呢?其实答案居然然是知道的,只不过是不甘心,只不过是抱着侥幸,只不过是不死心想再确认一遍罢了。

"然然,你知道的,她搬家了。"

是啊,那个女孩儿,那个阮槟喜欢的女孩儿她搬家了。她原本的家就在隔壁楼层的一楼,和居然然的房间只隔了不到十米,却也隔了阮槟的一颗心。

"我之所以选择这条路遛狗,全是因为她,为了能每天看上她一眼,哪怕是侧面,也觉得这一天是有意义的——然然,你知道我为什么那么喜欢穿衬衫吗?因为我从她家楼下经过时无意间听到她讲电话,说最喜欢穿衬衫的男孩子,所以我把自己全部的衣服都换成了衬衫。我是打算找机会和她认识的,可机会还没来,她却搬走了。"

女孩儿搬走了,也把阮槟从居然然身边带走了。

居然然想哭,却哭不出来。

有什么好哭的呢?应该是好笑吧。

她的暗恋起于一个陌生的女孩儿,也终结于那个女孩儿。

多好笑,自导自演的暗恋戏码,总归是在这个暮春的夜晚落幕了。

阮槟和"烧麦"再次出现在居然然家楼下时,已经是另一个季节了。

他终于穿了衬衫以外的衣服,一件涂鸦短T恤,还是那么精神,还是那么耀眼,居然然却知道,他已经彻底走出来了。

那么她呢?是否也已释然?

答案当然是肯定的。

这些日子,居然然时常在想,自己当初喜欢上的,是不是只是自己所幻想出来的少年,那个少年每天穿衬衫,那个少年每天从窗外经过,那个少年充满未知。

因为未知,所以她把所有美好的幻想都加之在他身上,逐渐的,她喜欢上了自己所幻想出来的这个男孩儿。就在这个时候,她得知这个男孩儿叫阮槟,于是她便以为自己喜欢阮槟。

直到后来暗恋破灭,所有的一切尘埃落定,她才从幻想中挣脱出来,才看清楚,原来那所谓的喜欢,也只不过是梦一场。

梦醒了,谁家少年春衫薄,关她什么事呢?

她叫居然然,他叫阮槟。

她和他是好朋友。

如此明了。

所爱隔山海

骆 七

你的心,是我永远也无法跨越的深海。

1

陈岁岁和齐年年打从娘胎里就是邻居,1991年夏天,他们先后出生在大杂院,前后相差不过几分钟,人人都说这是一段奇缘,不过长大后的俩人,很不给面子地用行动证明了什么是冤家路窄。他们互相看不惯对方黝黑的肤色,总用黑猩猩、黑人牙膏等字眼相互取笑对方。

邻里见了不免好笑:"五十步笑一百步,你们较什么劲儿?"

"别拿我和疯小子相提并论!"

"和这黑丫头扯到一起我宁愿到非洲去做难民女

婿！"

恰恰那时甜蜜蜜正在热映，肤白貌美的张曼玉惹得小男孩儿们垂涎，女孩子们艳羡不已。

爱美之心人皆有之。

岁岁看了大量医书，她开始服用牛乳，吃山竹、番茄补充维生素C，效果不明显，她却不放弃。

很快食物相克的副作用击败了她的食疗计划，那天语文课，岁岁被老师叫起来回答问题，后座的年年正想恶作剧拿走她的板凳，她便毫无征兆地晕在了地上。

看到敌人出糗明明该捧着肚子哈哈大笑的年年一下子愣住了，半晌后尖叫着把岁岁背到了医务室。

"你可别死啊陈岁岁，你死了，你死了这个世上只有我最黑了。"医务室里，握着岁岁双手的他几乎要哭了。

他的声音吵醒了岁岁，她瞪大了眼看着满脸通红的他，以及那双覆在自己手上的黑乎乎的双手。

"齐年年！拿开你的脏手，不要妄想把你的黑色素传染给我！"

真是狗咬吕洞宾，他明明是好心呀！

年年气不过，立马开启毒舌模式："你别瞎折腾了，就你那样，就算喝一吨牛乳把自己撑成一只气球它也是黑色的！"

岁岁用极其不屑的眼神瞥了他一眼，然后说："我呢，小时候太喜欢去海边游泳，黑是有原因的。可你呢齐年年？黑就算了，可作为一个男孩儿，一个海岛孩子，居然是只可怜的旱鸭子，真是可笑。"

齐年年头埋得很低，也不知过了多久，单薄的双肩开始起伏，眼睛里也多了一些可疑的水汽。

"陈岁岁。"他语气变得激烈起来，"陈岁岁，你这个白痴，你根本什么都不懂！"说完便甩门而去。

电视剧看多了吧。岁岁撇撇嘴，装成一副若无其事的样子看着地上的几滴水渍。

可她一点儿也高兴不起来，特别是想起他哭泣的脸。

岁岁转头看向窗外，初秋的风寂寥萧索，一年复一年，海岛的秋天又悄然将至了。

2

整整一个秋天，齐年年没再和岁岁说话，连拌嘴也没有，岁岁也是有骨气的人，她也把对方当成了空气。

起先旁人以为这便是传说中的暴风雨前的宁静，久而久之，学校里开始纷传两人关系暧昧。

——所谓责之深，爱之切。

——所谓不是冤家不一家。

——所谓痴男怨女。

同学们把写作文和做几何题都没用到的想象力充分发挥出来，却万万想不到最开始的猜测才是最正确的。

这团暴风雨有个名字,他叫秦风。

3

秦风来福川的那天,海岛已经步入冬天。

离春天还有些日头,他的到来却唤醒了全校女生沉睡的少女心。其中不乏陈岁岁。

他就像一阵纯白的风,带领成群的少女心思,在这个冬日像雪花一样飘满整个海岛上空。

其中最招摇的一朵叫陈岁岁。她被拒绝过三次还不死心,隔日依旧抱着爱心早餐等在他的教室外面。

"陈岁岁真是一朵奇葩。"同学私下里的议论恰如其分。

每每这时,远离绯闻中心的齐年年便会像阴魂一样出现,双眼怨怼地盯着说话的女生,直到对方哑口无言。

那天陈岁岁回家时抱着饭盒一路高歌,一首甜蜜蜜快被她演绎成东北秧歌。而原因很简单。秦风终于肯吃一口她亲手做的糖醋鱼。

回家的必经之路上,好久不见的齐年年张嘴便是一些讽刺入骨的话:"你光看到他吃了你的鱼,有看到他在你转身的下一秒就吐进了垃圾桶?"

"这种小白脸普遍是花花公子,我们学校的黑妹们他尚且不能看上吧?何况你,陈岁岁,黑妹中的战斗机!"

岁岁感觉脑袋里放了一枚炸弹，下一秒就变成了冬天里的一把火。

她忍无可忍，抬手就给了他一巴掌："够了你啊齐年年，我的事情哪里轮到你来管？你有资格吗？我被骗了又怎样，难道不是如你所愿？"

海岛的初冬凉风刺骨，年年不由缩了缩脖子，张张嘴，却到底没说出一句话来。也是，他同她针锋对麦芒这么多年，现在要来管她的闲事，别说她，连自己也觉得可笑。

"陈岁岁，我不是管你，这只是来自老邻居的友情提示，别到时候撞了南墙，怪别人没提醒你，躲起来哭鼻子。不是我说你，你哭起来那么丑，看了真是碍人眼。"

这么多年，陈岁岁从未把齐年年的冷嘲热讽放在心上，可这一次她却觉得不甘心。岁岁想，不为别的，只为那个人是秦风，她十六年沉寂的心为之倾倒的人。谁也不能明目张胆跳出来指责他是错的。

那之后陈岁岁像开了外挂一样活力无限，她无怨无悔地为秦风做任何事，其中最轰动的一件事，发生在冬天结束的时候。

那是2008年初春的某个午后，阳光慵懒诗意，与她的心情形成强烈对比。

——她告白被拒绝的第九次。

她蔫蔫地在日记本上记录战绩。

很早以前便对冰山美男秦风缴械投降的同桌有点儿看不过去:"欸,跟你说件事。"

"别烦我。"岁岁没好气地说。

"关于秦风。"

她立马来了精神:"洗耳恭听!"

同桌翻了个白眼:"你可知道三班的陈二黑?"

陈岁岁靠着墙壁想了想,眼睛瞥向斜后桌记笔记的齐年年,脑中灵光一闪,想起很久以前,以齐年年为首的一群男生对全校女孩儿进行了一次黑珍珠大赛,她是当之无愧的黑珍珠少女,紧跟着的也是一个姓陈的女生,江湖人称陈二黑。

"她怎么了?"陈岁岁漫不经心。

"听说她被告白了。"

"那又怎样?"

"那个人是——秦风。"

"然后呢?"她忍住没有拍案而起。

"她拒绝了他。"

话音未落,陈岁岁一声哀号,班主任忍无可忍,当即勒令她去教室门口望风反省。

后桌的齐年年却始终没有朝她这边望过一眼,依旧全神贯注记笔记。岁岁觉得奇怪,在教室外透过窗户看着他认真的侧脸,心里不免泛起嘀咕,齐年年是想争做什么最黑学霸吧?

正想得入神,走廊另一头走来一个熟悉的身影。

——是秦风!

原本有些近视的岁岁这种时候通常会变得眼尖起来。

他和另一个女生抱着作业朝她走来,他一路微笑着和女生说话,那神情岁岁从未在他脸上看到过,而那女生低着头,一语不发,抱着作业的手露出一截和岁岁一样黝黑的手腕。

隔着很远的距离,岁岁便没头没脑地跟他打招呼,同矜持的陈二黑形成强烈对比。

"不是上课时间吗?"

陈岁岁赶紧地点头。

"那你怎么在这里?"

陈岁岁正想回答,被彻底激怒的班主任走出来施展狮吼神功:"叫你出来罚站还是聊天啊陈岁岁?"

秦风显得很尴尬,冷冷看了岁岁一眼,转身对一旁的女生说:"菁菁,我们走吧。"

陈岁岁恼羞成怒,他的冷漠和那声温柔的"菁菁"让她彻底失去理智:"你站住。"她叫住架着厚厚眼镜刘海儿凌乱的女生,"陈二黑,给本姑娘站住!"

女生停下脚步,一字一顿回答她:"我不叫什么陈二黑。"说着目光转向一旁的秦风,"也不叫什么菁菁。我的名字是陈海菁。"最后她看向怒发冲冠的班主任,"老师,我还要交班里的化学作业,先走一步。"

岁岁看着一脸高傲的陈海菁和一脸受伤的秦风，怒不可遏："你跩什么跩？"她一把抓住陈海菁的马尾，"你不就是成绩好了一点儿，有什么可跩的！"

她自认为是在美女救英雄，昂着头对秦风笑——看到了吧，这种女生就是这么不识好歹。

秦风却握紧了拳头，走到岁岁面前，狠狠道："你走吧，我不打女生。"

"什么？"

"滚！"

陈岁岁愣了愣，正要继续拿陈海菁出气，教室里旋风般冲出一个身影，拉住她的手不由分说地离去。

背对着秦风，岁岁的眼泪终于落了下来。

4

出了校园，第二条胡同走到底便能看到海，海岸凉风习习，吹起年年额前的碎发，他说："别哭了，陈岁岁。"

"我哪里有哭？"她脸上带着一贯的倔强。

他没看她，眼神略过海岸线，声音很轻，很轻地问她："陈岁岁，你知道海的另一边是什么吗？"

岁岁不解，他最近变得好奇怪，不爱说话，开始认真学习，每天把校服衬衣熨烫得妥妥帖帖。好多年了，她第一次这样仔细看他,她发现自己竟然要垫脚才能勉强够上他的下巴了。

"你知道,海的最深处有什么吗?"

岁岁摇摇头。

"那里长眠我至亲的人。我曾以为他永远不会离开我,肆意挥霍他的宠爱。我不理解他。"

"他的理想在大海的另一头,我却一厢情愿把他留在我身边。陈岁岁,我是不是有点儿自私呀?"

岁岁一头雾水。

他继续说:"我要走了。陈岁岁,以后不会有人跟你吵架了。没有人跟你比谁更黑了。"

"去哪儿?"她忘记擦掉上一秒秦风留给她的泪水,它们挂在她的脸角,竟让她显出一丝哀伤。

他望着海的尽头,良久,然后才回头看着陈岁岁的眼睛:"岁岁。"

他从未如此唤她,温柔而婉转,她恍然发现他有一双澄澈明亮的眼睛,那么好看:"岁岁,你要记住,你现在经历的一切都不算什么,很久以后回头看去,总还会有比这些重要百倍的事,它们会让你懂得曾经的执迷如此不值一提。"

"齐年年,你到底在发什么神经?"

他看着她忍无可忍的样子,笑了,那笑容里竟带着一丝宠溺,他用手擦掉她脸上的泪痕:"我的意思是,陈岁岁,你不要哭了,你哭起来那么丑,很碍眼的。"

远处海鸥成群飞过,春风吹起齐年年纯白的衬衫,岁岁低头怔怔看着,没有反驳,也没有打开他的手。

5

后来的事情就简单多了。

陈岁岁公然挑衅教师权威,还在公众场合撒泼打人,念在她是高三生,快毕业了,校方没有开除她,只给了一个留校察看的处分。

全校大会上,陈岁岁被罚当众念检讨书,她一直盯着台下的秦风,那么多的老师同学,她却只一眼便可以找到他。

"我喜欢你。"她大声地对着话筒嘶吼,"秦风,我喜欢你,你听到了吗?"

她喊到喉咙沙哑,双颊通红,可秦风不屑一顾,双眼依旧清冷地看向她。

陈岁岁完成了她的第十次告白。她荒诞而苍白的青春期也终于结束在了一次"兵荒马乱"里。

6

毕业以后,陈岁岁打听到一些有关秦风的消息。

老同桌无奈地看着她："他要离开海岛和陈海菁一起。"

"陈海菁？她不是不喜欢他吗？为什么和他一起？"

"所以秦风男神爱她至深啊。得不到的永远在骚动，没听过？"

陈岁岁不甘心，她从来是个不甘心的人，否则也不可能和齐年年斗了这么多年。

不知道他们坐什么时候的船离去，陈岁岁便去码头边的小餐厅打工。她时常在餐厅看见齐年年，带着个复读机，点一杯咖啡，一遍遍练习英语，一坐就是一整天。

"你还真是奇葩，试都考完了，你还要演给谁看？"

"彼此彼此，战争已一败涂地，你又要演给谁看？"

陈岁岁一个眼刀飞过去，竟无言以对。

后来却还是错过了那艘汽轮，陈岁岁百感交集，不过就是午休了一下，难道真的是命中注定？

她仍不甘心，跳上自家一艘小渔船，齐年年飞身欲扑，没逮住她，只得深吸一口气，没时间犹豫，也跟着跳上去。

"你干吗？"她惊呼。

"看海景。"他假装淡然。

"旱鸭子别任性！"

"又不是游泳。再说，我可以当你的船夫，你何乐不为？"

好像有点儿道理,陈岁岁不再反驳,抄起桨拼命地划,从日暮至黄昏,大汽轮早就没了踪影,她还是执拗地向前。

海岛的夏季最是无情,暴风雨说来就来,一叶孤舟在海面上孤立无援,风雨过后四分五裂,陈岁岁和齐年年死死抱着一块相对较厚实的船木。

"你,你还好吗?"齐年年的嘴唇乌紫,脸上的表情惊恐万分。

"嗯。"她吐出一口海水,"你还记得海岛的方向吗?"

突然又一个海浪扑过来,齐年年吓得没了一句话。

陈岁岁直翻白眼,她望着远处海鸥盘旋的轨迹,灵机一动,只要跟着它们,说不定就能回到海岛。可海洋一望无际,实在太大了,齐年年根本不敢动,她不可能凭一双手划回海岛。

烈日当空,她渐渐失去知觉,耳边依稀是那只旱鸭子聒噪的声音。

"陈岁岁,你不能死,你死了全世界只剩下我最黑了。"

"陈岁岁,陈岁岁。"

……

烦不胜烦。

她却因此恢复了一点儿意识。也对,她怎么能就这样睡过去,便宜了那个陈海菁?

岁岁死死咬住下唇,也不知过了多久,她依稀看到捕鱼区的警戒带,她终于虚脱般闭上了眼,而耳边的声音还在聒噪,一次次喊她的名字——陈岁岁,陈岁岁。

……

7

2014年夏天,陈岁岁离开了海岛,带着齐年年,以及他无法完成的梦想——到大海的另一头去看一看。

那场属于她荒诞暗恋的海难彻底使她清醒,她想起很久以前齐年年在海边对她说过的话——岁岁,你现在经历的一切都不算什么,很久以后回头看去,总还会有比这些重要百倍的事,它们会让你懂得曾经的执迷如此不值一提。

后来她复读高三,悬梁刺股挑灯夜读,终于以优异成绩被北方一所享誉盛名的学府录取。

大学里的她变化极大,少了海岛日复一日的烈阳曝晒,她最深恶痛绝的黝黑肤色终于离她远去。

唯一不变的,是这些年来她时常梦见福川海岛灼热的阳光,大汽轮在九十年代的盛夏光景里鸣笛,海鸥成群越过海岸线,还有那个皮肤和她一般黝黑的小少年,踩着早课铃声在碎石小路上一路狂奔。

她时常枕着旧梦入睡,时有辗转反侧,便拿出那只快要生锈的复读机。

　　轻轻一拨动开关,"吱呀"一声,巨大的海浪声和喘息一起传出来。

　　——陈岁岁,你不能死,你死了全世界只剩下我最黑了。

　　——陈岁岁,你别睡啊,你睡着了,秦风只能跟着陈海菁了,她没你黑啊,你可不能被她比下去。

　　——陈岁岁,陈岁岁。

　　这只复读机被渔民在那个黄昏发现,那段发狠要凭自己的力量离开海岛的日子里,齐年年每天把它带在身边。

　　它被人用皮带牢牢固定在那块结实的船木上。

　　后来被警员问起,连陈岁岁也不知道他何时力竭便放弃了,她仰起脸看着警员,眼角有泪痕,这泪水这一次终于是为他而流下来:"不可能啊,我一直有听到他的声音,我听见他叫我的名字。"

　　陈岁岁心中钝痛,不敢再想。

　　后来去到哪里岁岁都带着这只复读机,深夜睡不着她便拿出来播放,从她偶然发现的一条录音开始,慢慢地,她竟然把所有的录音全部找到了。

8

　　——"12月8日,晴,爸爸,你走的第七天,你在海底过得都还好吗？你有没有去找妈妈？"

——"爸爸，我真恨这片海呀，它带走了你，也带走了妈妈。"

关于这一条录音，后来陈岁岁特意去问了母亲。

母亲想了想，告诉她："应该是2008年的事儿了吧。"

"齐爸那天出去打渔，死于海难。岁岁，年年这孩子挺不容易的，她母亲是海岛的游客，生下他的第二年春天便离开了海岛，也不知是发生了意外还是怎么，后来这些年一直没回来，齐爸就盼啊，镇里的媒婆来了一波又一波，邻里也说不必再等，他却不依，守着孩子靠打渔为生，仿佛是不愿面对女人不幸遇难的消息。后来孩子长大了，也知道了母亲的事，鼓励他去内地找母亲，两父子好不容易下定决心，齐爸就这么走了……"

"你怎么从来没跟我提过这些事？"陈岁岁有些哽咽地打断她。

"你小时候哪里愿意听齐年年家的事？一天到晚跟冤家似的。"

良久，她终于捂住嘴哭出声音来。

原来是这样。原来是这样啊。

岁岁想起多年前的那个初冬黄昏，她笑骂他是旱鸭子，他竟第一次哭着责备她什么都不懂。当时她觉得有多么可笑，如今就有多么的懊悔。

9

——"3月17日，春。陈岁岁，这阵子爸爸说我们可能就要离开海岛了。这让我恐慌。所以后来我刻意不找你吵架，我怕以后没有你的日子我真的会无比寂寞。可这些日子里我百无聊赖，我总想，你不是喜欢秦风那样的白面书生吗？我就让自己也显得文艺一点儿，便去学了几首诗，我最爱的那一首起初我想献给我的父母。因为我的爸爸曾说过，他的所爱同他隔了一整片海的距离。"

——"后来我想起你我之间，却也觉得无比适合。因为你的心，是我永远永远也无法跨越的山川湖海。"

——"现在，咳咳，陈岁岁，你听好了，我要把这首诗献给你，我最美的黑珍珠少女。"

——"一望可相见，一步如重城。所爱隔山海，山海不可平……"

10

"所爱隔山海，山海不可平。"

岁岁也跟着念起来，一遍又一遍。

我的天南，你的海北

M君颜

七岁，傅小南载着我，耐心地等我坐上去："坐好，不要摔倒了。"

十七岁，傅小南嫌弃地看着后座的我："你好重，下去，自己坐公交。"

我搓着胳臂冻得瑟瑟发抖，一个喷嚏过后，我忍不住吼："你倒是给我公交钱啊！"

可是傅小南头也没回，直到看不见他的背影了，我默默地裹紧了围巾把除眼睛之外的部位都藏进了里面。

"嘿！尚小北要不要一起，我刚好两块钱。"江言靠在墙上双手插兜，以一种自以为很帅的姿势问我。明明是滴水成冰的季节，可是这个人偏偏不要温度要风度，穿着拉风的皮夹克，冻得嘴唇都紫了。

"有病！"我拽了拽围巾不想理他，但是走了几步又走了回去，对他摊开手，"一起吧。"

我这个人最大的特点就是从来不会让自己吃亏，有人请不要白不要，这是傅小南教给我的至理名言。

1

我叫尚小北，和傅小南相依为命十七年。

别误会，不是青梅竹马，我们是亲得不能再亲的异卵双胞胎。

按道理双胞胎都应该同心协力，然而我和傅小南的童年是在打架中度过的。我严重怀疑在老妈怀我们的时候，我是不是踹过他一脚以至于他现在一直怀恨在心。可是他也把我先踹出来了啊，几秒钟的时间我就成了什么事都要让他的姐姐。

不得不说岁月真的是把杀猪刀，本来家里亲戚看到我们都会夸这俩孩子真可爱，真像啊！但是如今除了眉眼还有几分相似，我和傅小南简直就是天壤之别，而我就是那摊烂泥，还是扶不上墙的那种。

因为一些原因，我们的姓不同，每次我和傅小南走在一起都会遭到各种八卦。

傅小南一开始还会坚持不懈地跟他们解释我们是姐弟，但是到后来傅小南只是有气无力地翻了翻白眼，掰开我扯着他胳臂的手："尚小北，以后我们保持距离。"

他对待亲姐的态度总是十分恶劣,我时常反思自己,可是想了很久仍是没有头绪。最后只能得出结论:弟大不中留,这娃肯定是到了叛逆期。

2

我们从小就被教育要好好学习天天向上,杜绝早恋的念头。

日常对话一般是——

妈:"现在谈恋爱不会有结果的,那些谈恋爱的都是不理智的。"

我:"可是,我想男朋友来疼!"

傅小南:"我也想有个体贴的女朋友!"

妈怒了:"别的男生会有你弟疼你?还有尚小北,一个女孩子不要这么疯,多体贴你弟听到没?"

我、傅小南:"……"

常年下来,我和傅小南都认定男女朋友什么的都不及对方管用,一心一意扑在学习上,才怪。时常是傅小南打着游戏醉生梦死,我抱着小说难以自拔。

不过这些都是地下工作,互相替对方打掩护,和谐相处得连老妈都免不了吃惊。

3

我觉得最好玩的游戏就是真心话大冒险，当然是在那个被选中的人不是我的前提下。

我被要挟着去给高三一学长递情书，说是要打探敌情。

据说那学长是全校女生的梦中情人，学习好，人品好，可惜学长性格开朗交友广泛绯闻女友一堆，但至今没有正式女友。

我问："如果因为是我他才拒绝呢？"

她们说："学长要是拒绝，你就趁机问他是不是有喜欢的人了。"

说起那位帅到掉渣的学长，我只远远见过一面，也没什么感觉，反而觉得傅小南都比他帅。只是这大庭广众之下递情书这种事怎么也有些丢人。

被一堆人簇拥着，我硬着头皮把写得很劣质的情书给递了过去，字写得龙飞凤舞。

"学长你好！我是二（8）班的尚小北，请收下我的……"我卡住了，憋了半天才继续道："我的情书！"

"尚小北？"学长挑了挑眉，似乎很感兴趣的样子接了过去，他瞥了眼封面，嗤笑了一声，"字真丑。"

我怒了，但是仍然要保持我的淑女形象，咬牙切齿道:"嫌丑就别接啊,还给我吧学长!"说着就要扑过去夺下那封罪魁祸首。

学长抬起胳臂躲过了我的手,拿着我的情书挥了挥,很潇洒地留给我一个背影,道:"你的情书我收下了。"

身后传来一片唏嘘声,我听到有人说:"早知道我去送情书了,学长竟然答应了!"

我面无表情地看着她们,下一秒跳了脚:"他竟然嫌我字丑!"

面对她们的各种逼问,我心如死灰,这种事谁能想到啊,谁知道这学长为何如此奇葩一言不合就收情书。况且要被傅小南知道我还不得脱层皮?

4

从小到大从来只有我跟傅小南堵别人,但是因果循环,可能是报应来了。

一个妹子把我堵在了楼梯口。

"是不是你给江言递的情书?"

"江言是谁?"我皱着眉头想破脑袋也没想到这人是谁,只能继续道:"妹子说话要有证据,不能随便污蔑别人。"

那妹子似乎是被我漫不经心的态度给激怒了,她攥紧了拳头似乎要上来给我几拳,我挑着眉不动声色地往后挪了挪准备伺机逃跑,毕竟我现在是好学生不能动粗。不过好在那妹子只是虚张声势,最终只是恶狠狠地瞪着我,看我的眼神就跟我是坏人一样:"你以后离江言远点!"

我耸耸肩,转身准备走,莫名其妙。

可是她却一把抓住我的手一副我不给出明确回答就不放我走的架势。

我顿时有些慌张,想把自己的手给扯回来。想我当年打遍天下无敌手,如今只是金盆洗手多年不想再惹是生非了,以为我怕你啊!可是没想到最后用力过猛,妹子突然一松手我就倒在了地上。

恰巧傅小南背着书包走过来,从他的视角看来就是我被这个妹子给推倒在地了。他几个大步冲过来把妹子推到了旁边,拉起龇牙咧嘴的我把我挡在身后:"你干什么?"

"她想打我。"我抢先道,虽然觉得傅小南应该怜香惜玉一点儿,可是我当然不会说。虽然傅小南总是嫌弃我,但是真遇到事了,枪口还是一致对外的。

对于我的无耻,那个妹子刚想发作,但看到傅小南后突然就脸红了,她指着我一脸你女朋友出轨了的表情:"你是她男朋友吗?"

傅小南皱着眉,还没等他答话妹子就噼里啪啦道:"你管好你家的,不要让她随便去勾引别人!"

傅小南眉头皱得更深了,他扯住我的胳臂:"你怎么这么不要脸?"

"唉?傅小南你说什么呢!"我大怒,这小子怎么说他姐的!

5

高二和高三在一栋楼上,按学校的说法是要我们借鉴一下高三的学习态度。可是我趴在阳台上观察了好久也没发现什么区别,下课上厕所上课进教室,跟普通人也差不多。

"那个字特丑的谁,要不要一起走?"我背着书包下楼,江言撇开身后跟的几个男生冲我走过来。

那些男生笑得意味深长:"江言,看不出来啊!"

我捂着脸当作没听见,谁字丑,我好多次在书法比赛中获奖好不好!

那次递情书的乌龙事件过后,这个人就总是来骚扰我,有时甚至还堵在我的班级门口。

明明那么多人追他偏偏看上我。我想这种人大概就是那种人家倒贴不要,不理的却是厚着脸皮往上贴的那种。我一向对这种人深恶痛绝。再加上老妈给我们灌输的思想以及傅小南之前对我的批斗,我对江言从来都是用鼻孔的,可是他仍旧是乐此不疲。

我开始怀念和傅小南一起回家的日子,可是他们班的灭绝师太总是拖堂,才使得江言乘虚而入。

"我再解释一遍,那次不是我自愿的!"

"没办法,我就喜欢你这种。"

"你喜欢哪里,我改行不行?"

江言上上下下打量我一番,最后重重地叹了口气,忧郁地四十五度角仰望天空,幽幽道:"我就喜欢你不喜欢我,你改吧。"

……全是套路。

6

我一直认为像傅小南那种情商为负的人是不会有人看上的。直到一次晚自习下课,去厕所的路上经过学校的小树林。其实我平时一般不去那边,奈何那天下课楼上厕所爆满,被逼无奈的我只得舍近求远。

如果非要说什么,我想这大概就是命运的安排。我看到傅小南正和一个妹子拉拉扯扯纠缠不清,突然间就嗅到了八卦的味道,忍不住靠近了些。

结果发现那妹子就是那天堵我的,好个傅小南!别人我可以忍,可是这妹子不行,之前还是某学长的仰慕者现在又看上傅小南,变心忒快了。

我装模作样地咳了一声,也没管傅小南和那个妹子的反应,径直回了教室,连厕所都忘了上。后来到中途实在憋得不行,在老班的犀利的眼神下硬着头皮跑去了厕所。在没有人的厕所,我左思右想觉得有必要和傅小南好好谈谈,他之所以会误入歧途肯定是因为我平时管教无方。

当晚,傅小南回来的比我早,老妈上夜班还没回来。他已经坐在桌前吃着消夜,我装着什么都没发生的样子坐到他面前。傅小南抬头看了我一眼,低头继续吸溜着泡面,我只能看到他被辣得流出的一串清鼻涕。

面对傅小南这种泰山崩于前仍面不改色的态度,我沉不住气了:"你个小王八蛋,长本事了竟然给我玩早恋!"

我狠狠地一拍桌子,汤汁溅了傅小南一脸。

"莫名其妙。"他抹了抹脸,想了想道,"听说你最近勾搭上了一个学长?"

"到底谁勾搭谁,你看清楚没有!"

"你就看清楚了?"

"我两只眼睛看得清清楚楚!"

"那是你眼神有问题。"

"你个小兔崽子,看我今天不打死你!"我跑过去掐他的脖子,傅小南皱着眉,不耐烦地推开我:"你有完没完。"

我被推得一个踉跄,愣了一会儿,心里像是打翻了五味瓶。这是傅小南第一次为了别人凶我,我低着头,眼泪没出息地哗哗往下掉。

傅小南见我不说话，似乎也意识到自己说了重话，他过来拉我的衣服却被我一把打开了："你去找你女朋友！"

7

以前的时候每次吵架都是不出三秒就和好，可是这次我硬是好几天没有理他。

傅小南不停地在我面前晃悠，有意无意地向我示软。我有些坚持不住了，但是还是死要面子要他先道歉。

傅小南在写作业，我喝着他给我买的果粒橙，口是心非道："干吗给我？不去讨好你女朋友？"

傅小南捏着笔停住了，最后皱着眉看我："你这人简直不可理喻，都说了多少次我跟她没关系！"

我满意地点头："这还差不多。"

"还有——"傅小南歪着头，"那个学长哪里值得你稀罕？"

我翻了个白眼，又喝了一大口果粒橙，然后一脸柔情地看着他道："谁稀罕他！所有人，我只稀罕你。"

傅小南抖了抖，一脸嫌弃地摇着头，突然很正经地说："以后你的男朋友必须我把关，要不然我不放心。"

我感动得热泪盈眶，毕竟这么大以来傅小南第一次这么关心我。

结果他又说:"看上你真是难为姐夫了。"

8

我一直觉得爸爸妈妈是个明事理的人,最起码他们不会总是逼迫着我们去上那些烦死人的辅导班。当然,也是因为这个原因当邻居家的某某已经民族舞十级的时候,我连压个腿都痛得死去活来。

所以,如今他们口里出现的最多的就是"别人家的孩子"。

"唉,我看隔壁的二妞跳舞可好了。"

"楼上的那个小男生,才十岁,钢琴弹得那叫一个棒啊!"

羡慕的语气夹杂着悔恨,悔恨当初为什么就没有把我们送去学一门技术。一般这种时候我和傅小南都是装聋作哑,跳舞弹琴又不能当饭吃,学来干吗?

而出现频率最多的是一个叫"你江叔叔的孩子"。

江叔叔是爸爸公司的同事,据说他孩子今年高三,成绩特好。于是这货就成了我们家的正面教材,几乎每天都会出现。什么又拿第一,又作为学生代表上台讲话,听得我耳朵都起老茧了。

所以我一直都讨厌姓江的人,偏偏江言也姓江,偏偏学习也好,没来由地更加讨厌。

9

六月的时候,江言毕业,我们成了准高三,搬去了楼下高三的教室,那些桌面还刻着励志名言。

誓死不屈四个大字特醒目。

我突然想起了江言,他那个大学霸肯定不用这么励志。而且听说还考到了A大,所有人梦寐以求的大学。

我觉得自己特奇怪,别人对我死缠烂打的时候不为所动,现在人家走了又开始舍不得。突然有些自卑,人家那么优秀的一个人怎么会看上自己呢?

当然这些想法我不敢跟傅小南说,我害怕他笑话我。

暑假的第一天,我放了一部电影和傅小南一起在家看,顺便等老妈夜班回来。

电影不是很有趣,我有些无聊地打着哈欠,再看傅小南已经靠在沙发上睡着了。我给他盖上了毛毯,抱着胳膊继续看着。

我不知道是什么时候睡着的,再醒过来的时候老妈已经在厨房做早饭了,傅小南还没醒。

门口有钥匙转动的声音,我站起身,心想这个时候有谁会来。

出差回来的老爸站在门口提着大包小包:"小南小北,我回来了!"

我扑了过去,也不管傅小南是不是还在睡。

"有没有带好吃的?"

老爸揉了揉我的头发:"就知道吃。"他一边放着东西,一边对外面道:"进来吧,别不好意思。"

"谁啊?"我探头往外看,当看到那人时我炸毛了,一脸不敢置信地指着他,"江言?"

傅小南睡眼惺忪地走到我旁边,一脸不在状态地打了声招呼:"老爸回来了。"

江言挑着眉看我:"好久不见。"

老爸笑眯眯地打量我们:"你们认识啊,正好,江言就是我经常跟你们说的江叔叔的孩子,正好他毕业了,让他给你和小南补补课。"

傅小南瞬间清醒,大叫道:"谁要他补!"

反应竟然比我还激烈。

我转身回屋,开着的窗户有风吹进来,似乎还带着阵阵清香扑面而来,心情突然很好。

时光隽永深刻,谁知道未来还会发生什么呢?

威海：你是我沉默的深深海洋

李阿宅

此刻我正坐在远离威海市区近百里的小渔村的大暖炕上，那扇乳白色的木门将呼啸着的海风隔绝在另一个世界里，这里的夜晚是寂静的，唯一的声音也就有白天鹅的鸣叫了。每年成千上万只天鹅从遥远的西伯利亚，穿过层层困难跨越千山万水迁徙在此越冬。朋友依然是个户外活动领队，他带队来过很多次，极力推荐我来看看这片波澜壮阔的海域以及洁白无瑕的天鹅，于是我毫不犹豫地就订了票。

其实，倒不是依然的说辞有吸引力，而是因为你在这个城市。

出发之前，我将衣橱里面的衣服试了一个遍，始终找不到一件让我足够满意的出现在你面前的衣服，你不知道我垂头丧气坐在堆满衣服的沙发上多难过。明明十六岁最不好看的时候你都没有嫌弃，却在分开几年之后为了自己不能够美好地出现在你面前而悲伤。荣格说："对于普通人来说，一生最重要的功课就是学会接受自己。"只有精神世界无比强大的人才能够坦然地接受自己的不完美，可是要做到这般淡然，又需要多少时间和阅历的不断洗涤与沉淀呢？就像你前段时间问我，为什么要一直在路上。我当时没有回答你，是因为那时我也正在寻找答案，而现在我或许找到答案了，就是为了让自己的内心足够丰盈与充实。

踏出火车的那一刻，我心里突然没来由得紧张起来了。十六岁在一起，十七岁分开，十八岁你毕业，从此之后我们再也没有见过。你是我的初恋，也是我唯一有过的恋人。我背着沉重的包随着拥挤的人群往外走，我给闺密打电话说："我现在紧张死了，怎么办啊？"明明曾经那么熟悉的一个人，经年之后却变得连见面都感到紧张，时间真是一味良药，轻而易举地将那些伤痛一一抚平。

我打着电话往外走，与你的车擦肩而过，即使这么多年没见，即使只是一瞥，即使隔着厚厚的车窗，我还是能够一眼认出你来。我挂了电话，朝你停车的位置飞奔过去，我想象着如同电视剧里那般，昔日恋人重逢风轻云淡地说一句"好久不见"。可是看到你的时候我却只会笑，都忘记该怎么开口了。你也笑了，如同当天威海的阳光那般明朗，一下子融化了冬日凛冽的寒冷。你拍了一下我的头,装出一副欣慰的表情说:"哎哟,长高了。"

我白了你一眼说:"你以为我永远十六岁啊。"

你带我吃完早饭说要去山后面看看,车里面飘着似有若无的音乐声,我坐在副驾驶上,看着在我身后不断倒退的风景。

王菲空灵般的歌声从音响里传来,她唱:"如果再见不能红着眼,是否还能红着脸。"我瞅了你一眼,你一只手搭在车窗上,另一只手握着方向盘,我说:"哟,挺应景啊,《匆匆那年》啊。"指的是歌曲,也在说我们。

你接过话说:"是啊,《匆匆那年》。"

我们之间没有天雷地火的情节,也没有风花雪月,甚至在艺术加工后都编排不成一个动人的故事,就像是这些年我写过很多的故事,却从没有为自己的初恋记录下什么。

糊里糊涂地就在一起,又迷迷糊糊地分了手。

甚至有时候我在想,我是否真的喜欢过你吗?这么平凡普通的一个人因为我们对人和事物的态度,其实就是某个时间段,自己内心的折射。审美其实是善变的,只是当初我们都不明白。

威海真是个迷人的城市,左边是山,右边是海。车行驶进环山路,周围是浓绿的冬青以及红了叶子的不知名植物,我看着幽暗的道路打趣你,是不是要把我拐进山里卖了。你扭过头看了我一眼,嬉皮笑脸地说:"哎,你觉得你值多少钱？出个价，我买了。"

我小心翼翼地回避着关于感情的话题，却还是不可避免地碰撞上了，我们如今的身份不再适合开这种玩笑，于是我便缄口不言不再说话。

当日的阳光正好，我们沿着海岸线散步，沙滩上三五个大爷悠闲地在垂钓。十二月末的海水真冷，我挽起袖子撩起冰凉的海水，风把我的头发吹得像个疯子，我站在你的镜头前笑得像个傻子，还恬不知耻地对着你说："把我拍得美一点儿，文艺一点儿啊。"

其实你来威海也不过两年的时间，却仿佛在这里生活了很久那般熟悉。你说夏天没事的时候，就骑着山地车来海边烧烤。一群人坐在海边热火朝天地一边烧烤一边喝啤酒，躺在沙滩边吹风发呆。只是听着你说，就让我有了想要留在这里的念头。

天鹅湖在距离威海几十公里的渔村，你驱车送我过去。

那里是典型的胶东半岛农村，村里都是干净整洁的海草房，依然说，天鹅是伴侣终身制，一生就认准了一个伴儿。我听完特别感动，我把这件事说给你听，你说人总是有欲望的。

你晚上要去外地，所以陪我待了一会儿就要赶回去。我站在海风里送你，你让我回去说太冷了，我摇摇头说还是送送你吧，以后还不知道什么时候再见一面。

你顿住脚,嚼着笑说:"这是准备老死不相往来了?"

我说不是啊,只是旧情侣没有那么多可以见面的理由。你转过身给了我一个巨大的拥抱,在一起的时候总是吵架,如今变成普通朋友却温情得不得了。

我在沙滩上写了几行字,很快就被潮水覆盖得无影无踪,就像年少时候那些单纯美好的时光,只留下回忆,寻不见踪迹。

第二天鹅毛大雪簌簌而下。漫天纷纷扬扬的大雪,打在宁静的海面,数以万计的天鹅就在这白色世界里交颈摩挲,这种场景真是让人难忘。

这是我2014年冬天见到的第一场雪,难免显得兴奋,我站在白雪皑皑的海边里,对着自己的手机镜头大喊大叫,身边尽是簌簌飘落的雪花,旁边是热闹的喧嚣的笑声。

我站在雪地里,靴子都沾湿了,袜子又冷又硬,那是冰天雪地的冷。我一直兴奋地在打闹,都没有发现。

渔家乐遇见的一行上海自驾游的哥哥姐姐们问我冷不冷,我摇摇头,说一点儿也不冷。

临走前的那天早上我早早起来看日出,肃清的早上天鹅在鸣叫,村子里面的叫卖声响起,山靠着海,海傍着山,晨光像是一个娇羞的少女,一点点地从山后面露出头来,如同天赋异禀的油画家,将巨大的金色釉彩泼洒在海面上，泛起震撼人心的光芒，那一刻我突然想哭。

坐上返程高铁的时候，我突然想起你那日带我去的那个叫幸福门的地方，你说是威海千公里海岸线的起点。当轮渡快靠岸的时候，许多人会观望它的热闹。那种热闹与这座宁静的小城形成迥异的对比。在那里，许多人乘船而去，时隔几年又重新回来，有些人，却未再见，或许就像我们。

可是我想，我还是会再回到威海这座舒适的城市的。而此刻，返程的列车已经减速靠站，"济南站"的牌子在我面前闪烁，我的威海旅行行驶到了终点。时间恰好走过零点，2014年就在这场旅行中与我告别。

倘若时光不散场

蝉鸣的夏季,我想遇见你

砖

青春。我说出这两个字,口中呼出的气流像是盛夏温热的风。

篮球,汽水,试卷,随身听。

还有妹子。

老罗在旁边慢悠悠地补充到。

嗯,妹子。

我们两个抬头看天,看着看着就有些泪眼蒙眬。本以为几年过去,很多事都忘了,没想到,回忆还是黏人得紧。

老罗一边喝汽水一边嗡嗡地说,你知道苏梓你小子做过的最让我痛恨的事是什么吗?

什么?

当年和隔壁班的班赛,明明就是你不来才输的,你还好意思把我们骂的跟孙子一样。

你还有脸提这个？把球投进自己筐？你不提我还忘了呢，你现在说说，你当初是不是傻？

……那不是因为小庭坐在那边，靠近她一点儿打显得比较帅……

谢谢，幸亏你球没进。不然你在大小姐心目中就荣升为校园头号人物了。

我好歹也是为爱做出巨大牺牲了吧，哪像你，平时看着威风凛凛的，明明喜欢那谁，你不告白。

我愣了一下。

熟悉的学校操场，榕树，以及压抑的蝉鸣声。又是一年夏天，从前的夏天只觉得风燥热难耐，只催生出黏人的汗水。而现在的夏风掠过，捎来青草和泥土的芳香，熟悉又撩人，张开嘴大口呼吸，似乎还能尝到只属于回忆的甜丝丝的味道。恍若隔世，甚觉怀念。

我开始往喉咙里灌汽水。

奇怪，怎么越喝越渴。

1

校服上第一颗扣子永远不扣，衣领永远敞开，走路永远带风，大概是那时候的固有形态。只一个背心，就在球场上蹦跶自如，听着场外妹子的叫喊，然后一个三分球稳稳当当，嚣张地朝对手吹口哨。累了就坐在树荫下，一瓶汽水，一根冰棒。再跑到水龙头下淋湿头发，随手一拢，任水珠滴下,整个人清爽了一倍。

那时和我混得最好的,一个是老罗,一个是陆坚。由于成绩都凑合,所以从初中部直升到高中部,一直同班。

陆坚这家伙不知道是怎么长的,特别招女生喜欢。而且从初中到高中又一直是学校广播站站长,桃花一路怒放。我当时就没想明白,明明我更帅,比他会打球,怎么我就收不到女生的示爱呢?后来经过我深刻的思考,我觉得可能是我离老罗太近了,容易让人生出"近朱者赤"的错觉。

陆坚这小子很纯情,极少和我们一起讨论哪个女生长得漂亮哪个女生今天是什么颜色的肩带。他只是非常喜欢隔壁班的一个姓白的女孩子,小白人如其姓,肤白貌美,而且总是安安静静的,跟一罐牛奶一样。

某天课间,毫不知情的我们恰好目睹小白从她的教室里走出来,前面的老罗激动得语无伦次,回过头拼命对我们挤眉弄眼道:"我的菜!我的菜!"正准备继续花痴的时候屁股突然被踹了一脚,老罗叽里咕噜地大骂了一声,火急火燎转过头眯缝着眼搜寻是哪个混蛋干的,结果他只看见陆坚这小子面无表情地看着他,然后说:"我的。"

老天作证,只有这一个瞬间让我曾经觉得陆坚比我还帅。

2

老罗脖子右边有一块不大不小的胎记,所以他一直自称为神的男人。

他从幼儿园起就和班长赵庭同班,一直受尽赵庭的欺压侮辱。高个子,长马尾,甜美的声音,学着班主任的腔调,我们暗地里都喊赵庭"大小姐"。

她最喜欢的是骂人缺心眼,我们曾经联名要求她不能侵犯我们的人权。当初老罗骂得最亢奋,举着一本都不知道翻没翻开过的生物书站在椅子上义愤填膺地大声批判,唾沫横飞。

陆坚说:"老罗,人权好像和生物没什么关系吧。"

老罗狠狠地瞪了陆坚一眼,"你傻吗?你不是生物啊?"

大小姐站在讲台上淡定地瞥了他一眼说:"缺心眼。"

后来风云突变,初中的一次校运会上,猥琐狰狞的老罗跑没半个跑道就摔倒了。原以为胜券在握就放心地准备等他冲刺时呐喊助威的我们,在终点集体傻眼了。结果站在我们中间的"大小姐"率先拨开我们拔腿就跑,简直如一阵飓风刮过。她充分体现了班长的责任感和无数年同窗的深厚情谊,又是给老罗倒水,又是一反常态耐心地安慰老罗那颗受伤的心:"你要振作一点儿!""我们班不能失去你!""你是坚强罗!"我们在旁边听着这些感人肺腑的话,悲伤得快哭了。

后来提起这件事,"大小姐"只是云淡风轻地说:

"哦,我只是同情他,摔倒就算了,怎么还能摔得那么丑。"

"大小姐"不愧是"大小姐"。我们又一次被"大小姐"的机智深深震撼。

但当时老罗一把鼻涕一把眼泪,感动得无以复加。从那以后他不仅开始不加入我们维护人权的阵营,而且一听到"大小姐"骂他缺心眼,整个人就甜蜜得满天空翩翩飞。

没骨气!我们气愤不已。

但他就这样默默喜欢了"大小姐"三年。

但"大小姐"没陪完我们三年。在高三开学的时候,她转学到广州了。她走的那天晚上老罗看了一夜天空,寻觅飞机飞过的痕迹,像一匹来自北方的孤独的狼。

我们谁都不忍心告诉他"大小姐"是坐车走的。

3

高中开学那天,我在一片起哄声中认识了周一芋。她一头柔软细碎的短发,看起来像是从哪里跑出来的一个秀气的小男生。她在我身边坐下,转过头,对着我笑,虎牙如同干净柔软的细沙上的雪白贝壳。

作为后面几排唯一的女生,豪迈又大大咧咧的她很快和我们勾肩搭背,男生们都戏谑地叫她大芋。她跟我说她读初中时，因为长得太有少年气质，还被误选过"校草"。

因为无数次的翘课聊天和考试的友好合作，以及她和我的各种一拍即合，甚至还有家住同一条街的莫大缘分，我们之间建立了深厚的革命情谊。无奈的是，她对我并没有意思，人姑娘一颗心全吊死在陆坚身上。在她的软磨硬泡下，我答应帮她追人。

她很认真地准备了一个陆坚个人档案调查的小本子，并严肃庄重地把这个神圣的任务交给我，附加放光的眼睛。

鬼才有那么闲，一天到晚研究这种东西。

虽然我对这项任务嗤之以鼻，但还是要践行男人的承诺。

于是机智过人的我，在一个月黑风高的夜晚，神秘地支开了所有人，把陆坚叫到一边，将一样东西郑重其事地递给了他。

陆坚激动地接过，在白色的月光下从头到尾仔细地看了一遍。看完后他抬头，像看神经病一样看着我，幽幽地开口："你小子是高一填什么同学录。"

我如同一位充满人生智慧的老者一般，闭着眼睛轻拍他的肩膀，再深深地叹了一口气说："天下大势，分久必合，合久必分，早填早轻松，省得夜长梦多。"

结果是他拒绝后，我用尽三寸不烂之舌，好说歹说才让他接受了那份娘娘腔的东西。

自从得到陆坚的个人档案之后，她便开始废寝忘食地研究。由于陆坚这小子在最喜欢的水果那一栏画了个非常抽象且丑的苹果，她便每天在他桌肚下放一个苹果。这种如同小女生般俗烂的举动，被我嫌弃了很久。

我逗她："你怎么知道是苹果，我看着像李子，或者是橘子。"

她说："你以为我傻吗？这还看不出来？"

第二天下午第一节上课铃响，陆坚从广播室赶回来。不到一会儿全班就都听见他咬牙切齿地大喊："你们谁在我的桌里放了个烂橘？！"

"天气太热，没办法的事。"她在我旁边咬着嘴唇小声地嘀咕道。

而且，为了掩人耳目，我竟然也得给自视无比重要的老罗派发一张同学录！为了发扬雷锋精神，我偷偷把老罗那散发着自恋气质的同学录放在"大小姐"桌底下。结果"大小姐"发飙，一度闹得全班鸡飞狗跳，不得安宁。

4

暑假的某天下午，我在家里呼呼大睡。隐隐约约听到楼下有人在喊我名字，一声比一声洪亮。睡眼惺忪的我随便穿个裤衩下楼，大芋的笑脸突然出现在我眼前，像溢出的阳光。

"我喊你多久了，躲在家里像什么？阳光这么好，一块出来玩啊。"她的声音里带着颤动的兴奋。

她穿着宽松的白T恤、运动短裤和球鞋，头发似乎又剪短了一点儿，看起来更像个男孩子了。

我低下头看我自己，黑色背心，大花裤衩，还有半吊子的拖鞋……怪不得招不到妹子，我不禁掩面叹息。

"那你先让我上楼换衣服。"

"别换啦，大男人还磨磨唧唧的，这样帅死了，走啦。"

"那你先让我上去洗个脸……我刚起床。"

她突然停下来抬头踮脚凑近了我的脸。

"你干啥？"我惊恐万分。

她拉着我走，"没有眼屎！别洗了！"

我垂下手，放弃了挣扎。

算了，反正也不当她是女生，不用在意形象。我自我安慰般说服了自己。

暑假里她都常来找我，也常遇见我和老罗、陆坚等三五好友打球，她便跟我一起去，帮我们买汽水，然后在旁边看我们打球顺便逗狗玩，有时候甚至加入我们一起打，不过投中率并不高。我知道她心不在焉，她那小鹿一样的眼睛总是瞥向不多话的陆坚。

如果没有打球的话，我们就一起在街巷走来走去。

她自有她的乐趣，而我也乐得清闲。偶尔我们踩着脚踏车到郊外去，一路走走停停。米色草帽、白背心、蓝色牛仔裤、人字拖。她就这样扑进草地里，朝我笑。她还脱下鞋子和我一起爬树，虎虎的像个毫无顾忌的男孩子一样。我眯着眼看着从树叶缝隙中撒下的银光和她爬满绿意的双眼。阳光真好，我们徜徉在绿色中，一点儿也不想回家。

"窗外的麻雀，在电线杆上多嘴，你说这一句，很有夏天的感觉……"

她凉薄的歌声清脆得如轻轻碰击的玻璃器皿一样。

那真的是夏天的感觉，无所事事一个夏天的年少。

5

在学校我们依旧干着打闹、睡觉、听歌、翘课的勾当。

她的桌肚下乱糟糟的，什么书都有。她从不看言情小说，她在不喜欢的课堂上都光明正大地看武侠小说，成绩自然而然像摊烂泥。每次给她讲题目，她都心不在焉且迷迷糊糊。要不就是"老苏，我觉得陆坚真是越看越好看"，要不就是"老苏我觉得你的气质很像黄药师"，要不就是"老苏你别动你这里有只虫。"

我合上课本向她微笑说："我觉得你还是自己领悟吧。"

她只有看小说的时候无比认真，眉头微微蹙起，嘴唇紧闭。她的短发有时候乱糟糟的，眼睛倒是显得很清亮。我偶尔偏过头去注视她，可她从来就没空在意我。像是完全沉浸在武侠境界中，就连眉宇都带着英气。

我从来没有遇见过这种整个人自带侠气光环的女生，有时甚至就支着下巴看了她一节课。

有一天自习课，她突然对我说："老苏你知道吗，郭襄牵着头小毛驴等杨过等了二十四年，最后终身不嫁，出家然后创建了峨眉派。"

我敷衍地说是，女人深起情来真可怕。

这句话证明了我确实是预言专家。因为就在那天下午午写，她一个人跑去广播站，非常大声且高调地告白了。

风风火火，不打招呼，很是她的风格。

据在场人士描述，她说得非常大声，两人正在念稿子的小主播当场就蒙啦。还是陆坚马上冷静地拉着她飞快走出广播室，围观的人都在哇啦啦地起哄。

他们去干什么了？我问。

陆坚叫她不要在公共场合告白，然后大芋说告白是她的权利凭什么不能见光，陆坚说你她话那么大声还不如来广播站，她说来就来谁怕谁啊。

所以结果是……周一芋要进社团啦？

好像是这样。

那她告了什么白啊！

那天她没有去看班赛。我破天荒地在开赛前离开球场，不安地回到教室。站在门外的我正好目睹了她把陆坚的个人档案踩躏之后又轻轻压平的一幕。

她看到我之后，突然十分低落地说："他说他有喜欢的人了，然后说对不起。可是我还是不想放弃。老苏，坚持有没有错？"

未等我回答，她又埋头说："可我就特别喜欢他，我也不知道为什么。有时候我觉得自己很可耻，都没有点儿江湖上拿得起放得下的样子。跟郭襄一模一样！儿女情长！气死我了。"

我听了心里都乐开了花，便故意逗着她说："你看你都没个女孩子的样子，怎么会有人爱你。"

"我就这样，你别爱啊！"

她突然情绪爆发，赌气似的大声反驳道。委屈和醋意在空旷的教室里回荡，听起来更加孤单。

我叹了口气，但还是装作漫不经心地说："陆坚想考去北京噢，你要不要再努力一次？"

她眼睛一亮。

你看，我的姑娘又回来了。

自从听过我说的话之后，她就突然开窍了。她在书桌上摆北京的照片，一天换一张，看一眼就能全身心投入学习，比看陆坚还管用。日子嗖嗖飞过，我好像跟她一起去了一趟北京城。

有天课间,她从书堆里抬起头,我隐约听见她喃喃自语说:"如果下雪,北京应该最美吧。"

6

她曾经抄给我一份《晴天》的歌词,这是我们都最喜欢的一首歌。

而周杰伦是在我们的青春中穿行而过的人。

在他如龙卷风一样席卷我们整个校园之前,我便在表哥的复读机里听过他的歌。鸭舌帽、黑背心、小卷发、头低低不说话的样子,很快就成了我们这个年纪标榜自己前卫和特立独行的代表。在饭桌上学他含糊不清地讲话,被老妈用筷子敲了好多次头。

等到初中,每个人都会买他的磁带,尽管很多是从盗版摊中淘来的。老罗上厕所一路都要哼哼,然后迅速转到让我们感到灵魂的翻滚,无比热血。

到高中,广播里经常放着他的歌,而且每次放,全班的人都会停下笔大声歌唱。这个习惯是大芋领头的,一直持续到高中毕业。

她总是准时守着午写铃声之后的广播,学校的垃圾音质依然让她无比向往。

前奏一响起,她就对着全班大声说:"晴天!预备唱!"

"故事的小黄花，从出生那年就飘着……"

集体合唱，比升旗仪式唱国歌还齐。

我记得那时老罗故意夸张又大声地唱成"小黄瓜"，总能收到"大小姐"厌恶又鄙视的眼神。他无辜地说："我听到的就是这样的。"

多年后我去听周杰伦的演唱会，全场大合唱的声音还盖过了他的麦克风，每首大家都会唱，连rap都可以从头整齐到尾，也是从没见过。每个人都唱得动情且撕裂，在歌声中我突然就回想起校园的午后，班里的每一个人唱歌的样子。

"……刮风这天，我试过握着你手，但偏偏雨渐渐，大到我看你不见……"

旁边举着灯牌估摸十几岁的小姑娘对着屏幕喊叫得兴奋无比，虽然离舞台很远，她还是一副坚信舞台上的人听得到的表情。

这就是我们还是十几岁的时候幻想的样子。

但，或许她并不知道我们为什么哭。

在震耳欲聋的尖叫声中，在整齐划一的大合唱中，我想起那时和大芋两个人翘课去音像店买他的磁带，然后就坐在店门口的台阶上用随身听从A面听到B面。

想起提着鞋在草地上跑得欢脱的日子，笑声抖落一地，眼里都是春光。

想起在烈日下唱歌，想起街边的花香，和她清波一样的眉眼。

想起自习课上誊抄的歌词，考试时脑海里反复的旋律。

想起球场上撒下的汗水。

想起冰棒汽水的味道。

我终于在歌声里，找回了隐匿在我的生命里的旧时光和时光里我最亲爱的姑娘。

7

出神许久，直到听见老罗的声音。

他说："其实我们当初都看出来你喜欢她。

陆坚因为那件事还一直很愧疚啊，他处处躲着她没给她好脸色看让她死心，又没有说狠话把她骂醒，我就知道他还是在怕你难过了。

你老说我不爷们，你明明才是最不爷们的那个。

喂，有没有想过把她追回来？"

我没有回答。

高考后我们都去了不同的地方。

老罗去了隔壁的一个城市念师范，打算成为一个体育老师。过年他牵了个女朋友回家，我们怎么看，都觉得她和"大小姐"长得有点儿像。

陆坚和小白则去了北京，他们在不同的学校，彼此也就是一趟公车的距离。

而大芋一路向北，冬天能看到一片雪。

只不过不是北京。

她说她喜欢上那里了，雪景真美。

不久后，她给我寄来一张明信片，后面她誊写了一首诗，我只记得最后一句。

其实我只是爱上了峨眉山的云和霞，像极了十六岁那年的烟花。

我后来看原著，郭襄十六岁的生日，杨过送她"恭祝郭二小姐芳辰"的烟花。可能是十六岁的烟花太美了吧，仿佛她的爱情一样，只在刹那盛放，燃烧在她的眼睛和笑靥里。

那是属于一个小姑娘最单纯也最明亮的青春图腾。

每个人都有属于自己的烟花，"大小姐"是老罗的烟花，小白是陆坚的烟花，陆坚是大芋的烟花。

而他们是我的烟花。

再没有这样的兄弟。

再没有这样的姑娘。

我把明信片夹在书桌前。明信片上，有严冬的枯树败叶和挂在树梢上晶透的雪花，以及远处躲藏在云雾中有淡淡轮廓的楼房。她裹着大衣和围巾，坐在街边的长椅上对着天空开怀大笑，白气缭绕。

刹那间，我并不感觉有一股凉意席卷而来。

我只是分外怀念，那些令人蠢蠢欲动的夏日时光。

倘若时光不散场

陈呵呵

1

我作为转学生转入那所坐落在僻静郊区的全封闭寄宿式私立高中那天,一个人拖着行李倒了三趟车足足颠簸了近两个小时才到达隐在群山之中的新校。

办妥手续,我慢悠悠晃到指定的寝室。上下铺的六人间——靠窗的床位下铺是空着的。

刚放下行李,同寝的新室友们立即笑嘻嘻地围上来你一言我一语地跟我熟络起来,她们太热情,倒让我有些无所适从起来。

"你就是我的新邻居啊!"软糯糯却很清亮的声音传入我的耳朵。

霎时，我惊诧得发现，原本围在我床边的室友们在看到门口的女生后纷纷露出嫌恶又惧怕的表情。随即冲我摇摇头，散去爬回各自的床铺，方才的友善顿时散去一大半。

那是什么眼神？同情？好奇？还是揶揄？

"我叫方小织。这是我的新朋友小青。"

我晃过神，才发现手被人拉着——正是那个自称方小织的女生，而她所谓的小青，是此刻窝在我手掌心的一条青色小蛇。它猩红的信子正吞吐着触到我汗涔涔的皮肤上，冰凉凉，滑腻腻。

"啊——"刺耳拔高的尖叫划破黏稠的空气。

"方小织！你又带奇怪的东西回来！"

"这里是山边你想招来它的同伴是吧！"

"你是不是有病啊？！"

"……"

尖锐的喊骂声对于方小织来说恍若未闻。她只是用亮晶晶的眸子直勾勾盯着我，用她与自身行为很不匹配的，软沓沓糯米一般的声音对我说："新来的，你很淡定。"

我笑了笑："我爸是动物驯养员，专和巨蟒打交道。还有，这条假蛇做得很逼真。"

2

经过一段时间的相处后我发现，方小织似乎很喜欢小动物，但不同于普通女生喜欢的猫猫狗狗，她喜欢的动物种类繁多而且大多是常人无法接受的，例如蝙蝠、蜥蜴、蜘蛛等。

所以在所有的科目里，她生物学得最好，每回考试都能拿班里前三。

我问她老师怎么没选她当生物课代表，她俏皮地眨了眨眼："你觉得我去催作业，有几个人会愿意交？"

方小织说的没错，没有人会交，大家只会让她难堪。

原因很简单，因为她是这所学校董事长的女儿，她享有特权。

生活不是偶像剧，没有人因为她是董事长千金而讨好她，能在这座学校念书的学生谁家里没几个钱。

我觉得方小织很坚强，或者通俗点来说是脸皮厚，因为即便是被全校学生排挤，她还是能带着各种奇奇怪怪的小动物在众人厌恶的目光中晃过来晃过去，并且怡然自得。

而我，因为和方小织走得近，也逐渐被室友和同学疏远。虽然有些伤心，我却并不打算做什么挽回。因为我很羡慕方小织，羡慕她的随性，羡慕她的潇洒，更羡慕她能做最真实的自己，不论别人如何评论。

不像我，所有事情都掌握在父母手里，没有主见，爸爸妈妈说什么就是什么，乖得连拥有叛逆期的机会都没有。因为方小织的出现，我第一次鼓起勇气和父母谈条件——如果我在这次月考里能取得班级前十的成绩，就允许我去看半个月后的cosplay大赛。

协议达成，我对这次的月考势在必得。可现实往往比梦想骨感，化学是我的死穴，我总是记不住那些公式。眼看着时间一分一秒地过去，而我的卷面上还有大片的空白，我急得满头大汗，就在这时，我忽然想起一件事——为了记这些讨厌的公式，我写了小纸条放在口袋里随时背诵，考试前我忘了拿出来，所以现在……它还在我的口袋里。

我偷偷将纸条捏在手里，手里的汗水很快就把纸条打湿了，我却始终不敢展开看。

作弊这个词我并不陌生，却从来没干过。爸爸妈妈一直教育我要做诚实的人，可是我又很想去看比赛……就在我心里做挣扎时，监考老师突然朝我这边走来，我吓得低头盯着试卷背脊僵直，生怕他发现我的异样。好在他只是随便走走，我大大松了口气，下意识抬手擦了擦汗，却忘了手里还攥着纸团，脱离掌控的纸团骨碌碌滚到了地上，只要老师一回头就能看到。

纸条上是我的字迹，如果被发现我百口莫辩，我似乎已经能想象到父母知道这件事后的震怒和失望。

就在我心如死灰之际，尖叫蓦然响起，此起彼伏，甚至有女生吓得直接晕过去。监考老师也没好到哪儿去，惨白着脸哆哆嗦嗦指着一脸无辜的方小织说不出一句完整的话，也不知是气的还是吓的。

就在几秒钟前，方小织从抽屉里掏出一只扎了孔的矿泉水瓶子，里面盘着一条小蛇——这次不是假的。

3

方小织带来的骚乱替我挡去了麻烦，却给她自己带来了灭顶之灾。

携带危险动物进考场的事情被某位学生发到了网上，给学校带来了很大的舆论，学生家长纷纷联名要求给个说法，否则就把这事闹到电视台，让学校办不下去。校方顶不住压力赶紧通知了当时远在美国出差的董事长，也就是方小织的爸爸。

然后，方小织被开除了，不日就将被送出国。

从幸灾乐祸的同学口中得知此消息后，我立马跑回寝室，一开门就看到她的床上堆着还没叠的衣服，行李箱半开着，里头是各种各样的专业书，而东西的主人正靠在床边摆弄着九连环。

她见我进来，笑盈盈招呼了声："回来啦。"

我走近她，每走一步都感觉有东西拖着我的腿，让我迈不出去，我哑着嗓子问她："为什么？为什么要这么做……就让我被发现作弊好了，大不了就是背个处分写个检查，你干吗把自己逼上绝路！"

方小织放下九连环，抽了几张纸巾递给我后说道："其实我没你想的那么伟大，我会这么做也不仅仅是为了帮你，我也想试试……在我们方大董事长眼中，我究竟要闹出多大的事才能得到他的注意——实验告诉我，利益，也只有利益。以前我一直以为，我那么任性那么为所欲为他都没怪我，也许是因为我是她女儿，可现在我才知道，那仅仅是因为我还没影响到他的生意。"

方小织嘴上说得很是不在意，可我分明看到她眼中的讽刺下面埋藏的是假装出来的坚强。

"小织，你别这么想，也许你爸爸只是不知道怎么爱你。"

"是啊……他确实不知道怎么爱一个人。"方小织杵着下巴冲我笑了笑，"你应该不知道我妈妈是怎么去世的吧。产后抑郁症，因为那个男人忙于工作疏忽家庭。然后在我只有三岁的时候，用一瓶安眠药结束了自己的生命——可就算这样，也没能让那个男人回家……"这个话题太过沉重，良久之后，方小织推搡着把我推出寝室，"好了好了，你快去上课吧，要是翘课被你爸妈知道了，下一个遭殃的可就是你了。"

关上门前，她忽然低声说："你说你羡慕我没人管，你又何尝知道我有多羡慕你有人管……"

我望着关上的门，咬着唇角努力不让自己哭出声音。

如果你表现得讨厌我一些，方小织，我也不会这么难过。

虽然我口口声声说我不值得你这么做，可我始终没有去找校方说出你放蛇是为了掩护我作弊的事实。

你为了我被开除，我却为了保全自己选择了沉默。

多残酷的现实，我始终不是你，学不来你的宽容和勇敢。

4

方小织离开的一个月后，这座城市迎来了入夏的第一场流星雨。

就在不久前，我从同学口中得知方小织被定居在新加坡的外公接走了。方小织说过，如果这个世界上还有人愿意管她的话，就只有她的外公了。

虽然对着流星许愿只是一种寄托并没有科学依据，可我还是想要贪心地许三个愿望。

一愿方小织幸福平安，二愿方小织不再受伤，三愿她的笑容依旧明亮。

好了，我得写检查去了，作弊的事情我已经坦白。

作为你的朋友，我怎么可以不勇敢。

所以方小织，倘若时光不散场，愿我们还能在友谊之海里徜徉。

走失的春暖花开

胡伟平

1

这个冬天,我失恋了。我这样的人都失恋,自己都诧异,因为路小梅曾说我没心没肺。冬日古城,阳光苍白,像一张一捅即破的白纸。我在这个叫作大理的古城,无所事事的游荡。天空纯净,漂着棉花糖一样的白云。人民路上人来人往。背包客和艺术家,寻找一种叫爱情或理想的东西。

风沿着古老的巷子里吹来,我闻到春天的味道。走过很多地方,遇见和告别很多人。蓦然发现,所有的开始与结束都似曾相识。所幸,在沉闷的时光里,遇见阿宅。三个月前,为逃避死气沉沉的学校,我开始了一场说走就走的旅行。那天,教室外落叶飞舞,老师在讲台上唾沫横飞,路小梅在认真听讲,我收拾好行囊,到镇上锈迹斑斑的铁路站台上,开始了人生第一场远行。

我们每个人都是彼此的过客,更者,是这个尘世的过客。夕阳西下,霞光似血。列车启动的刹那,心情兴奋又有一种莫名的惆怅。时间随着窗外风景飞逝而流逝。和阿宅在网上聊了半年后,我喜欢上阿宅,虽然这只是我的秘密,但我认为,我和阿宅的感情会开花结果。

列车上午十点到达昆明。出站后,冬日的阳光晃得人睁不开眼。我用手挡住阳光,眯着眼,在汹涌的人潮里,第一眼就认出阿宅:长头发,齐刘海,背粉色双肩包,穿白色帆布鞋,标准的学生打扮。阿宅笑的时候有浅浅的酒窝,嘴角微微上扬,比我想象得更美好。阿宅伸出手说,胡小言,很高兴见到并认识你。我尴尬地笑,握住阿宅的手,阳光洒落,像碎了一地的梦。

第二天,坐上去大理的火车。窗外的风景都是高山与白云。我和阿宅靠窗面对面坐着,阿宅给我讲她的过去,她的梦想。虽然关于那些过去与梦想我们聊了很多次,但我还是很认真地聆听。阿宅说见到我很高兴,她也讨厌学校死气沉沉的生活,觉得人就该为自己而活。

2

阿宅和我一样,上高中,但她并不想上学,她说看不到希望与未来。阿宅说很高兴遇见我，因为我和她一样，也是看不到未来的人。我想，我并不是坏孩子，只是感觉到了生活的无奈和青春的无可奈何。到大理之后，阿宅像一只快乐的小鸟，叽叽喳喳说个不停。她说从未见过这样的蓝天，从未见过这样宁静的古镇。

阿宅拉着我去爬苍山，去洱海边吹风，去洋人街看老外画画，在人民路上和卖诗集的诗人闲聊。时光微凉，岁月静好。每天，我都和阿宅在古镇的巷子里乱跑，但我知道，这样快乐又悠闲的时光总会结束。因为，我们还是孩子，我们的青春并未结束。

半个月后，阿宅必须回学校上课，我们的钱也要花光了。分别时，阿宅跟我说，胡小言，你会去找我吗？我知道，阿宅的城市在北方，靠海。我一直觉得，我和阿宅的故事就是一片宁静的海。我说，我会去找她。然后阿宅眼睛湿润，在那灿烂的阳光下，我拥抱她。她转身离开，一缕风吹过来，我想我也该离开了。

回到学校，生活又开始无聊。每天都在重复，秋已深，窗外的叶子没有落完。班主任对我进行了严厉批评，我写过无数封保证书依旧无效。课堂上，老师讲什么，我并不关心。

我用手机和阿宅聊微信，或是看闲书。无聊的时光，总得找点儿东西打发。路小梅坐在我前面，我很佩服路小梅。因为她不但成绩好，人也漂亮。有点像九把刀小说

《那些年我们一起追过的女孩儿》里的沈佳宜。实在无聊的时候,我就看着她的背影发呆,或是戳戳她的背,影响她听讲。

3

让我感动的是,路小梅从不向老师告状,即便我影响了她学习。路小梅偶尔回过头,白我一眼。其实,也非常为难路小梅,因为班里正开展"一帮一"活动。路小梅不幸和我组成一组。我跟路小梅说这种幼稚园的活动有辱智商,路小梅说,能和你分到一组,定然拉低我的智商。

班里"一帮一"的活动,会进行排名,排名按两个学生的考试总分计算。我的成绩是班里倒数几名,而路小梅是前三名。我说我并不会拉低她的智商,只会拉低排名。当然,对于名次的多少,我并不在意,而路小梅则在意。成绩好的学生有个通病,非常在意分数排名。

当路小梅跟我说"胡小言,你如果能勤奋一点儿,让排名挺进前十,我请你吃'小懒鸡'"的时候,我刚喝进含在嘴里的一口水差点儿喷出来。我说:"挺进前十名这种比挺进大别山还困难的事就别找我。"路小梅说:"胡小言,你除了没有上进行心之外,其实挺好的。"我说:"你除了成为书呆子,还有点儿胖以外,其实也挺好。"

路小梅说:"女孩子肉肉的有什么不好。"我说:

"是的，其实你不胖，只是有点重，肉肉的回到唐朝还可以当贵妃。"路小梅的表情终于变得张牙舞爪，而我捂着肚子笑个不停。

路小梅和我是两个极端世界的人。在我眼里，路小梅太乖，对大人和小孩儿言听计从。从不忤逆老师的任何观点，甚至是错误观点。而我最擅长的事就是把老师的话当耳边风。除此之外，喜欢看些闲书，思想有些古怪，也不会抽烟喝酒打架。从这一点上来看，我还算个好孩子。当然，更多的时候，我会想一个叫阿宅的女孩儿。虽然隔得很远，在地图上的距离也有十多厘米，我开心或不开心的时候总会找她倾诉。

4

路小梅得知我逃课去大理，和网友见面的事后，非常惊讶。路小梅发现这个秘密是趁我上厕所时，偷看我的手机。我从厕所归来时，见路小梅表情凝重地盯着我手机看。我大吼一声："路小梅，你有完没完，这么八卦小心以后嫁不出去。"路小梅一阵惊慌，手机哗啦一声，摔在了地上，屏幕碎了一地。我脸色土灰，像猛兽一样盯着路小梅道："你说怎么办，你说怎么办。"

路小梅的眼睛红了，可怜兮兮地看着我。等我气消了，路小梅弱弱地说："胡小言，你不要生气了，我会赔给你的。"我懒洋洋抬起头回了一句:"你赔得起吗?"路小梅的眼泪哗哗流了下来。我知道,路小梅肯定赔不起,我知道,路小梅家境非常差,母亲已改嫁,父亲整日抽烟酗酒。路小梅还欠学校学费,学校因路小梅学习成绩好,是清华北大的苗子,才没让她退学。

窗外,有大雁飞过。似乎很多年,我再也没见过大雁飞过。我记得很小的时候,路小梅和我在一个村子,我们在麦田里奔跑。大雁排着一字从天空飞过。当然,那些事情过去了很多年,我只说,我和路小梅认识了很多年,对路小梅太过熟悉了。小学、初中、高中,我和路小梅都同班,路小梅说,其实这也算一种缘分。

手机坏了以后,我无法再给阿宅发短信,这让我非常苦恼。大概一个星期以后,在学校边的一家网吧上网,阿宅在QQ上给我留言,说家里出了点事,向我借三千块钱,一个星期还给我。作为一个高中生,三千块钱对我来说,是一笔巨款。好在爹妈平时给我的零花钱多,所以,我没有过多的思考,就把钱打给了阿宅。

5

摔碎我的手机后,路小梅很少再和我说话。没有手机的日子,我经常跑到网吧上网。老师对我也是睁一只眼,闭一只眼。用网络上一句流行的话来说,已经放弃了对我的治疗。

一个星期后,阿宅并没有还我钱,我并不在意。但一个月后,我给阿宅在QQ留言她也不回,她的电话已关机,仿佛从世界消失了一般。我才意识到事情没有我想的那么简单。我不愿意相信这样的结果,在冬天就要结束的时候。阿宅给我回了一条消息,说非常不好意思欺骗了我,借我的钱暂时还不了我。以后她会想办法还我的。

在网上,阿宅说她愿意做我女朋友,问我是否还相信她时。我说,我一直相信她。我决定去找阿宅。待寒假到来之时,我已穿上厚厚的羽绒服,又来到了镇上的火车站。风很大,已飘起雪花。我决定在圣诞节当天,给阿宅一个惊喜。阿宅告诉过我,她的学校和宿舍楼,想找到她并不是件困难的事。

我买了两件圣诞礼物塞在包里,是一对可爱的阿狸与桃子的毛娃娃。我相信,阿宅一定会喜欢。踏上列车刹那,我的心情又非常激动。天渐渐暗下来,只有簌簌的雪花打落在列车的玻璃上。因为没有钱买卧铺,我坐在逼仄的硬座空间里,沉沉睡着了。

当我在阿宅的宿舍楼前等了一个多小时,终于见到了阿宅。阿宅非常惊讶,我居然会到这个陌生的城市找她,让她觉得不可思议。但阿宅似乎并没有我想象中的那般高兴。她的第一句话是:"胡小言,很高兴你能来找我,不过最近我手头有点儿紧,可能无法还你的钱。"

我从包里拿出阿狸和桃子,递给阿宅。阿宅接过来,眼睛湿润了。晚上,我请阿宅吃火锅。北方的城市,气候异常寒冷。街上洋溢着圣诞节的气氛。比起我在的小镇,阿宅所在的城市要热闹很多。

6

我和阿宅一边吃火锅一边聊天,出火锅店的时候已是晚上十点。阿宅说十二点的时候我们一起去中央广场听钟声,许愿。夜风吹来,我打了个哆嗦。和阿宅并肩行走,拉着她的手,在汹涌的人流中横冲直撞。

到中央广场时,天空已飘起雪花,纷纷扬扬洒落。阿宅指了指远处的天空说:"快看。"我抬眼望去,远方海面上的夜空有烟花绽放,一朵一朵的绽放,美丽极了,阿宅闭着眼许愿。时光,在这一刻静止,阿宅的睫毛上已挂上晶莹的雪花,又被泪水融化。

遇见陈宇哲,彻底打破了这份宁静与美好。我和阿宅走向人民路时,三个叼着烟,一身酒气的青年挡在我们面前。阿宅的脸色顿时很难看,她悄悄跟我说,为首的那个叫陈宇哲,是学校的混混儿,经常抽烟喝酒打架,已被学校开除。陈宇哲一身酒气,拿着一个啤酒瓶指着我道:"你是谁,怎么和阿宅在一起?"

阿宅冷冷道:"陈宇哲,你闹够了没有,请你以后别出现在我面前烦我了。"陈宇哲指着阿宅笑道:"要我不烦你也可以,你把欠我的钱还清我再说。"阿宅道:"欠你的钱下月就还你,不会少你一分。"陈宇哲道:"阿宅,我不知道你是怎么想的,想当初,我为你付出了那么多,你看,我手臂上的伤疤是为你打架留下的,我腿上的伤疤是为借钱给你,在工地打工摔伤造成的。我就不明白,你为什么一直爱着那个废物。"

  阿宅脸色已非常难看,而我的大脑一片空白。阿宅吼道:"陈宇哲,你闹够了没有?"陈宇哲红着眼道:"李阿宅,我跟你说清楚了,今天你不把钱还清,休想离开这里。"陈宇哲挥手,他身后两个叼烟的青年已将我们围住。陈宇哲看看我冷笑道:"小伙子,外地来的吧,受骗了吧,实话跟你说了吧,眼前的李阿宅专门骗你们这些纯情男生的钱,为他心爱的男人去看病。"

  我看了看阿宅,她的泪水已滑到嘴唇。我心底的怒火终于不可遏制,跳起来指着陈宇哲的鼻子道:"再胡说老子弄死你。"我的怒火还没完全发泄出来,已和陈宇哲一伙干上了。双拳难敌六手,虽然我觉得我已经很拼命了,甚至觉得自己变成叶问了,但对方的拳头和脚还是像雨点般落在我脸上,背上。

  阿宅在一旁哭泣,只是呼唤别打了。此刻,我突然有点儿怀念路小梅。我记得小时候,我和村里朋友打架时,被揍得爬不起来时,路小梅就会牵出她家的狗来咬对方。

最后，因为路小梅家的狗得罪的人太多，结果被坏人捉去杀了，炖狗肉吃了，路小梅为此哭了一个星期。我不知道为什么会想到这些，我的嘴里有股腥味，全身已没有一点儿力气。

7

陈宇哲一伙停止殴打我后，从我身上掏走我的钱包，把钱全部拿走后，又把银行卡身份证什么的都扔给了我。等到陈宇哲转身离开之际，我拼命站了起来，给了陈宇哲一拳。出乎意料的是，陈宇哲抓住我的胳膊，然后搀扶着我道："哥们，我看你是条汉子，如果不是李阿宅，我们应该能成为兄弟。"

我虽想挣开陈宇哲的手，但陈宇哲已牢牢拽住，然后让他两个哥们架着我，上了一辆面包车。面包车启动，我看到阿宅在后面奔跑追赶，最终，她的身影还是消失在夜色中。此刻，人民广场的钟声已响，陈宇哲却幽幽点燃一支烟，叹了一口气。

我冷冷道："你们这是要绑架我吗？"陈宇哲搂着我的肩道："哥们，我并不想打你，但我的心实在太痛了。我不是想打你，而是送你去医院。顺便给你讲讲李阿宅的故事。"车窗外，雪花依旧在飞落。陈宇哲说几句，抽一口烟。脸上尽是沧桑与苦笑，我突然觉得眼前的陈宇哲并没有那么可恶。

　　陈宇哲说:"三年前,我和李阿宅在同一所高中上学,还是学校里的三好学生。"说到这里的时候,陈宇哲甚至有点儿洋洋得意。在那个时候,他就喜欢上了李阿宅。但是,李阿宅喜欢班长苏安城。但自己并没有放弃,还是为李阿宅做牛做马。机会终于来了,一次班里组织去爬山,班长苏安城摔到山谷里,命虽然救了回来,但却成了植物人,这和死其实没有区别了。三年了,那苏安城也没见醒过来,苏安城家人都放弃了,但李阿宅说苏安城一定会醒过来。

　　李阿宅自己在外面租了个房子,把苏安城从医院接了过来。每天给苏安城喂食,给他洗漱。她自己一个学生也没钱,为了苏安城欠了一屁股债。学校里被她骗的人不少,甚至连我这个网友都被骗到了,他看我真有的点傻。

　　陈宇哲边说边摇着头。车很快到了市人民医院,陈宇哲给我挂号,找医生,完全像是对兄弟一般。最终,我安全地躺在病床上后,陈宇哲把抢我的钱放在床边,然后叫哥们买了点儿水果之后便离开了。

8

　　第二天,阿宅来接我出院,她同样给我买了很多水果。见我胳膊还裹着纱布,阿宅说对不起。我苦笑着说没什么。我说想见一下苏安城时，阿宅非常震惊，但还是点点头。和阿宅坐上一辆出租车，来到一个破旧的小区。楼道里光线昏暗，我和阿宅上了楼。

窗户不大，房间里光线也昏暗，弥散着一股霉腐的味道。几个暖水瓶放在床边，苏安城就躺在床上。我走近看了眼苏安城，脸很白净，身体显得消瘦。阿宅说，他三年没有醒过来，但她还清晰地记得三年前认识苏安城的那一幕。

我问："你爱着苏安城吗？"阿宅盯着苏安城，然后抬头缓缓道："爱又能怎样呢，未来的路还很长，我不知道是否能坚持下去。"我说："你还是个孩子，能承受这样的负担吗？将来你还要上大学，人生的路还那么长。"阿宅低头沉默。

我终于和阿宅去看海了，冬天的海边，没有风，海面平静得可怕。但我知道，我和阿宅的心里都不平静。阿宅跟我说："胡小言，非常对不起。"我又笑着说："没关系。明天我就会离开这个地方，彻底的离开你的世界。"阿宅的泪又流了出来。

第二天，天蒙蒙亮，雪已停。我独自来到这个城市的火车站，鼻子酸酸的。离开前，我把身上所有的钱都放在了苏安城的枕头边，只留了回学校的路费。我不知道为什么会这么做。也许像路小梅说的那样，"胡小言，你除了不爱学习外，其实是个好人。"我想，很多时候，我宁愿当个坏人。像陈宇哲一样,抽烟喝酒打架。但那又能怎样呢。

自始至终,我只是一个看客。走着自己的路,读着别人的故事。当我准备进站时,在火车站的进站口,我突然见到一张熟悉的面孔。"胡小言,你这个混蛋,一个人跑到这个城市也不告诉我一声,你不知道这样会让人担心吗?"

路小梅穿得很薄,身上有些瑟瑟发抖。她的睫毛忽闪忽闪,非常漂亮。我惊讶地道:"你怎么知道我来了这个城市,你又怎么会来这个城市。"路小梅像个做了错事的小孩儿,低着头道:"我因为担心你,所以来了这个城市。那天,我偷看你的手机短信,知道了阿宅在这个城市,所以我猜你肯定来找她了。只是,当我来到这个城市,发现这个城市好大,我又找不到你,所以只好在火车站等你,我查了这里所有回学校列车的时间点,怕错过了你。"

9

我看着路小梅,不但鼻子酸酸的,连眼睛也湿润了。冷冷的风吹过,路小梅不停哆嗦。她的手已经冻得通红。我抓住她的手说:"走,我们回学校去。"我记得第一次拉路小梅的手还是小学的时候,上初中以后,碍于男女有别,我和路小梅虽然在同一班,但刻意保持着距离。

我和路小梅坐上了回学校的列车,车窗外似乎又飘起了雪花。北方的这个城市,总会大学纷飞,把世界染成童话。我突然记起学校就要举行期末考试,担忧地道:"路小梅,你居然逃课,不怕班主任批评,不怕我们'一帮一'排名再下降吗?"

路小梅低着头傻笑道:"你不是说过,青春的时候,总该放肆一回吗?其实,我也不爱学习,但是不学习,我看不到未来。"路小梅傻傻地笑,我也傻傻地笑。列车飞驰,就像我们飞驰的青春。窗外的风景飘逝得太快,我们还未来得及回味,便成为过往云烟。

回到学校,我跟阿宅发了个平安短信。然后平静地删除了阿宅所有的联系方式。我生日那天,路小梅把一个崭新的手机放在我手上时,我的眼睛又湿润了。路小梅傻笑着道:"不就是失恋嘛,真看不出你这样没心没肺的人还会失恋,更看不出你还会流泪。"

路小梅并不懂,我流泪不是因为失恋。因为我发现,路小梅为了给我买手机,不但在外面兼职打工,而且把所有的生活费都积攒下来了。每顿饭,为了不花钱,她都掏出一个玻璃瓶,里面装着从家里带来的腌菜。看着路小梅把那些已经快坏的腌菜一口一口往嘴里送时,我的心狠狠地疼了。

10

　　虽然我删掉阿宅所有联系方式,但冬天快要结束的时候,阿宅还是给我发来一条短信。她说,苏安城没有挺过去,还是死掉了。看着阿宅发来的短信,我不知道该说些什么。最后,我终是给阿宅回了一句话,冬天就要过去了。

　　我和路小梅回到学校,双双受到了班主任的批评。特别是对路小梅,进行了一次思想大革命。最后,鉴于路小梅认罪态度好,并且及时赶回来参加期末考试,班主任也没有采取偏激的措施。

　　期末考试过后,小镇已飘起雪花。路小梅说她希望考上北大。我摸着路小梅的头说,我相信她一定能考上的。如果她能借我三百分,我同样能考上北大,路小梅又傻傻地笑。

　　来年春暖花开,但我们的青春也即将散场。路小梅说为了前途,最后几个月我们得拼一把。事实上,最后几个月,我也开始努力。虽然临时抱佛脚是徒劳的,但我终是考上了大学,虽然是一所三流的大学。路小梅高考成绩全校第一,学校甚至提前拉起她进入北大的恭贺条幅。我想,路小梅的成绩上北大十拿九稳。

　　阳光渐渐明亮,青春终是散场。大学生活比高中悠闲，也无聊了很多，我愈发开始想念路小梅。直到开学后的第三个月，路小梅站在我宿舍楼下大喊："胡小言，你这个混蛋，你说会给我庆祝生日的，怎么没去。"我从宿舍窗户探出头，纳闷地想，这丫头难道从北京跑到最南端的这座城市了？

最终，路小梅告诉我，她并没有填报北大。而是填报了这个城市的一所重点大学，虽然比北大差了点儿，但也还不错。路小梅傻傻地笑。我则把路小梅抱了起来，佯装失望地道："哎，比以前又重了。"路小梅一阵粉拳。

冬天又到的时候，我和路小梅去了大理。灿烂的阳光，棉花糖般的白云。人民路上汹涌的人潮中，我似乎见到了阿宅，但眨眼间那个背影消失在人海。人民路的一个酒吧正在放着《去大理》，我和路小梅坐在酒吧静静聆听。我想，我不再是一个看客，而是真正开始了自己的故事。

我应该感激，有陪你一生的运气

陈小艾

我们之间说来戏剧，高二那年，你帮我向你表哥递情书，后来，你表哥拒绝了我，你却成了我的闺密。

至今我仍记得，被拒绝的那个下午，我坐在座位上发呆，你一边慢吞吞地收拾书包，一边用眼睛余光瞥向我的方向，等班里同学都走得差不多的时候，你凑到我跟前喊我一起去吃麻辣烫。

在这之前，我们根本算不上熟识，在大家眼里我一直是那种好像不用费力便能一直走在前面的女生，在每次考完试的红榜上站在顶端傲视群雄，而你，成绩一般，相貌一般，加上比较寡言少语，在班里则没有太多存在感。如果不是因为你那个集万千宠爱于一身的表哥，大家更不会将目光投到你身上。

算起来，被你表哥拒绝应该是我栽过的第一个跟头。那天在麻辣烫店里，向来话不多的你为了逗我开心居然一直在我对面滔滔不绝，吃到最后，我所有的委屈不甘居然都在眼前那晚热辣辣的麻辣烫里安静下来。

那次以后，我们之间的关系日渐亲密。我会将密密麻麻的课程笔记递给你看，你会把从四处搜罗来的搞笑段子分享给我抵抗沉闷的生活，而那家麻辣烫店更成了我们的秘密"约会基地"。在每个失魂落魄的日子里，我们总会相约去吃碗麻辣烫，互相吐吐槽，打打气，很快便能重新焕发神采。

高三下学期高考百日誓师大会刚过没几天，我因为备考压力过大患上了神经衰弱，最严重的时候只能躺在宿舍床上整晚整晚地失眠，那段时间，我最引以为傲的成绩也一落千丈，身边老师同学探询似的目光更是让我觉得连喘息都变得艰难。

知道我的情况后，你跟我掏心窝地谈过几次，鼓励的话更是说了无数遍，但依旧收效甚微，然后你就在自己MP3里下载了很多班得瑞的轻音乐，那天晚自习之后你将那枚红色的MP3塞到我手里，神秘兮兮地说："以后睡前听听这个，据说对治疗失眠很有用。"不仅如此，身为走读生的你还会每天给我带一包纯牛奶，叮嘱我睡前拿水热一下再喝，这一切只因为你从别人那里听说睡前喝热牛奶、听轻音乐对治疗失眠有奇效。

不知是不是你的热牛奶和MP3里面的轻音乐真的起了作用，一段时间之后我失眠的状况改善了不少，成绩也渐渐有了起色，一点点回到之前的状态。而你的状态也越来越好，每次考完试的红榜上总能往前移动几个名次。

备战高考最后的那段时间里，我们彼此加油打气，终于在那个夏天安然走过了那场据说能改变我们一生的考试，并在不久后拿到了一个各自满意的结果。

收到从北京寄来的录取通知书的那天，就在我要给你打电话报喜时你的电话适时打来，你兴奋地告诉我你也被天津的学校顺利录取，我们在电话里齐声欢呼，时光多么仁慈，人生志得意满的时刻，是你陪在我身边。

亲爱的盖小美，我应该感激，老天让我遇上你，给我陪你一生的运气。我们对于彼此的身份，是死党，是姐妹，是闺密，不久的将来我还要做你婚礼的伴娘，你孩子的干妈，我们是彼此的青春和余生。今后所有欢呼雀跃和失魂落魄的时刻，都会有我陪在你身边。